Sp 641.562 Car
Carenco, Jenny
Mi libro de recetas para bebés /

34028078498517
BC $19.95   ocn690088823
08/03/11

3 4028 07849 8517
HARRIS COUNTY PUBLIC LIBRARY

Para Maya y Milo…

WITHDRAWN

D1211180

Estoy verdaderamente orgullosa de este cuaderno de recetas que hasta la fecha no era más que mi útil de trabajo, escrito a mano y lleno de faltas. Si se ha transformado en un libro, ha sido gracias a la implicación de muchas personas, quienes desde el principio han probado las recetas, han confiado en el proyecto, se han convertido en fuentes de inspiración, en correctores y mucho más.

Muchas gracias a Marabout, a Emmanuel y a Amaryllis, que en todo momento confiaron en mí a la hora de realizar este libro, y gracias también a todos cuantos han hecho de él un proyecto tan bonito, personal y diferente. Gracias asimismo a Fred y Sonia Lucano por las magníficas fotografías, y a los bebés modelos que se han prestado al juego. Muchas, muchas gracias a Cédrine Meier, que merced a su formidable talento de escritora, me ha ayudado a conseguir unos textos ligeros, pertinentes y divertidos.

Gracias a mi amigo el doctor Jean Lalau Keraly, quien me ha apoyado desde el primer día, y que siempre ha estado a mi disposición para aconsejarme.

También deseo dar las gracias a mi marido David por su apoyo su tolerancia y su implicación con la familia, que me han permitido lanzarme a esta loca aventura que es Mi libro de recetas para el bebé, trabajando día y noche.

Por último, muchas gracias a mis hijos Maya y Milo. Sois mi razón de vivir y mi inspiración. Todo esto es gracias a vosotros. Os quiero con locura.

Gracias a la compañía White and Brown de pequeños electrodomésticos.

Éditions Marabout expresa su más sincero agradecimiento a los padres de los niños que se han prestado a las sesiones fotográficas.

Todos los bebés de este libro llevan ropa de Lili & The Funky Boys; ¡gracias Esther!

mi libro de
recetas para bebés

Jenny Carenco

Consejos del Dr. Jean Lalau Keraly
Fotografías de Frédéric Lucano
Estilismo de Sonia Lucano
Realización de las recetas: Alisa Morov

BLUME

Contenido

¡Cuidado con las supermamás!

Es verdad que no siempre resulta fácil ser una madre activa. ¿Quién no ha sufrido las noches cortas, los viajes en transporte público todos apretujados, pegados al lado del único militante antiducha, la nevera que se vacía más rápidamente que el veneno de la suegra, el jefe que no desaparece cuando una está a punto de dejar caer el lápiz antes de las 8 de la tarde? Por no mencionar el hecho de tener que llevar una vida íntima más desangelada que el interior de la nevera. Y la guinda sobre el pastel, ese sentimiento de culpabilidad que hace estragos cada domingo: nuestra querida mamá que se sorprende al vernos agotadas a pesar de contar con ayuda, cuando ella en su día encontraba tiempo para preparar tres clases de pan diferentes para la cena de sus hijos, y llevar en todo momento las uñas de las manos impecablemente pintadas. Aquí no encontraréis nada de esto. Este libro no es para una supermamá que acapara todos los primeros premios (*Cordon Bleu*, bomba sexual, mamá cómplice, empleada del mes), sin romperse ni una uña. Ya sabéis, aquella a quien detestamos y con la que nuestros maridos sueñan. Mi historia bien podría ser la suya.

En el momento en que mi baja por maternidad se agotaba, mi bebé descubría sus primeros purés de verduras. Como todo el mundo, con el transfondo de 30 años de machaque publicitario, pensé de inmediato en los potitos: prácticos, seguros y versátiles. ¿Para qué complicarse la vida inútilmente? Por desgracia (o por suerte), nací en Suecia, donde es costumbre leer las etiquetas de lo que se pone en la mesa. Y, ay, ahí está el drama: un potito de «judías verdes» contenía tan sólo un 40% de judías verdes, mientras que el resto eran patatas, muy ricas en fécula, leche reconstituida, aceites, sal y vitaminas de síntesis. Por no hablar del gusto poco agradable que tenía. Así pues, tenía un problema.

Todo estaba bajo control: me quedaban quince días antes de reincorporarme al trabajo. Exactamente 21.600 minutos para saberlo todo sobre la alimentación infantil. Con mi rigor de escandinava, pensaba que sería pan comido. Me convertí en una bulímica del saber, obsesionada en crear recetas para el bebé, y hasta pensé en presentar mi dimisión para crear mi propia marca de alimentos infantiles. Pero eso es otra historia.

transmitir el placer de comer

Empecé pues a crear. Al principio no resultó fácil: por la noche dedicaba 2 horas de sueño para preparar las cenas semanales de mi hija. Luego las congelaba, gracias a los libros de cocina anglosajones que no ven más que ventajas en este procedimiento tan práctico. Y con el tiempo, gracias a la ayuda de mi maravilloso pediatra, el doctor Lalau Keraly, endocrino especialista en nutrición infantil, con todos mis errores, mi agotamiento y el estímulo de mi hija, que descubría las delicias de todas las frutas y hortaliza, me puse en marcha. Conseguí imaginar recetas para bebés atrevidas, heréticas dirán algunos, basadas en un único concepto: transmitir a mi hija el placer de comer.

¿os comíais las espinacas hervidas del colegio?

En la actualidad, queridos padres, en vez de hacer el paripé y deciros que es un juego de niños cocinar cada día para la familia, voy a deciros la verdad: hacer transitar a mi pequeña tropa por el camino del gusto ha sido todo un sacerdocio. Pero lo he hecho porque estaba convencida de la bondad de dicho camino frente a la lacra de la obesidad infantil. Siempre he pensado que los niños no podían apreciar los alimentos sanos si no estaban buenos (menuda perogrullada, ¿no?) y que tenía que poner algo de mi parte para prepararlos de forma que tuvieran éxito.

mi cuaderno de recetas

Usted tiene una ventaja sobre mí: evitará todos los errores que en su día cometí. La idea no es sumergirse en mis recetas, en un libro bonito, perfecto, ojeándolo con las lágrimas en los ojos, con un potito en la mano porque… «no hay que equivocarse, en la vida real no es posible hacerlo todo». Lo que yo les propongo es mi cuaderno de trabajo, con sus errores, tachaduras e incluso manchas de grasa. Les ofrezco todos mis descubrimientos, mis consejos, las respuestas pediátricas que me han pasado por la cabeza y que también pasarán por la suya. Lo más importante es concentrarse sólo en lo esencial.

tantos esfuerzos merecen una pequeña recompensa

Es cierto, en compañía de su bebé alcanzará todos los laureles. Y cuando sus amigas abran desmesuradamente sus ojos maquillados ante el espectáculo de su pequeño devorando brécoles, no podrá evitar pensar: «Sé que no es un fan de los brécoles, pero si lo vieras delante de un plato de espinacas…».

DOCTOR JEAN LALAU KERALY
DIRECTOR CLÍNICO DEL
HOSPITAL DE ST-VINCENT DE PAUL

PEDIATRA

ENDOCRINO NUTRICIONISTA

transmitir el placer de comer

En mi condición de pediatra especializado en nutrición y en los problemas del sobrepeso infantil, he podido constatar a lo largo de 20 años de práctica que la noción de placer es al menos tan importante en la alimentación como los alimentos en sí. Nunca es demasiado pronto, o demasiado tarde, para iniciar a un niño en el mundo de los sabores. Eso es precisamente lo que le permitirá, una vez adulto, ver la alimentación sana no como un problema, sino como un verdadero placer.

la vida moderna no perdona a los padres

Cuántos suspiros de madres que se lamentan de no encontrar el tiempo necesario para preparar los primeros purés de su bebé. Los potitos tienen no pocos adeptos, incluso aunque nadie piense que sean la panacea, pues además de prácticos, tienen un buen precio y son seguros desde el punto de vista higiénico, si bien pueden mejorar en términos de novedad y calidad gustativa. En mi opinión, no es ni inútil ni anticuado hacer de la cena un momento extraordinario, fuera del tiempo, del estrés y de la agitación de la vida moderna.

descubrir alimentos nuevos

Lo constato a diario: el entorno en el que come un niño condiciona su apetito, su interés por el plato, sus ganas de probar nuevas recetas e incluso su manera de comprender la alimentación en general. Con demasiada frecuencia las cenas se ven amenizadas con lloros, amenazas; desinterés. En un contexto como ése, todo invita a pensar que el bebé no estará en condiciones de descubrir nuevos alimentos desconocidos. Además, los padres no siempre tienen conciencia de ello.

platos para bebés revolucionarios

Cuando conocí a Jenny Carenco en el transcurso de una consulta pediátrica, me fascinó de inmediato la visión hedonista que deseaba transmitir a su hija a través de la audacia de sus recetas. He intentado poner a su disposición mis conocimientos de nutricionista y pediatra, así como apoyarla y animarla cuando tenía dudas. Y como toda madre que desea conseguir algo para su bebé, ha hecho maravillas. Pero todavía ha querido ir más allá al poner al alcance de todos los padres los platos para bebés que ha imaginado. Su objetivo es claro: conciliar practicidad y disfrute gustativo para guiar a la próxima generación por el camino de la alimentación natural, variada y equilibrada.

redescubrir el placer de lo «hecho en casa»

La apuesta estaba hecha y me adherí de inmediato: cuando a uno se le ofrece la oportunidad de «cambiar las cosas», es lógico que desee aportar su propio granito de arena. Cada dos por tres me encuentro con niños que nunca han comido una manzana entera, niños para quienes el universo alimentario se reduce a chucherías y bollería industrial. De hecho, en la actualidad, el 40% de los alimentos infantiles industriales contienen azúcares añadidos, incluso los potitos, lo que lleva a los niños a una espiral tan dulce como peligrosa del todo dulce y de la uniformización del gusto. Apoyar el proyecto de Jenny era dar un paso adelante desde los potitos Gerber de 1930, el «hecho en casa». Era ofrecer a los padres sumidos en el ajetreo del día a día una vía de alimentar de forma natural al pequeño gracias al procedimiento de la congelación. Era marcar el inicio de un cambio de mentalidad, de una toma de conciencia de los padres.

pequeños que disfrutan comiendo

Este libro supone la culminación de esta apuesta por el compromiso. Riza el rizo. Permite a los padres llevar el control de la alimentación familiar, del bebé al primogénito, sin sacrificarse. Pretende ser lúdico para transmitir la alegría de comer, informativo para inculcar las bases de una buena alimentación, maligno para encajar con la vida de los padres actuales, didáctico para apoyarlos y animarlos en este camino desconocido, y en cierto modo también un poco aterrador, para enfrentarse a lo «hecho en casa». Tiene en las manos la solución para que sus hijos disfruten comiendo, la única arma efectiva contra la obesidad y los problemas alimentarios asociados con la vida moderna. La «pelota» está en su campo.

DOCTOR JEAN LALAU KERALY

DIRECTOR CLÍNICO DEL
HOSPITAL DE ST-VINCENT DE PAUL

PEDIATRA

ENDOCRINO NUTRICIONISTA

todos los gustos de la «leche» se encuentran en la naturaleza

Dar el pecho o el biberón. Para algunas madres la elección depende de su educación, su origen, de su forma de pensar, sus temores, sus tabúes, sus prejuicios, sus problemas… Para algunas es una decisión tomada al instante, frente a ese bebé que ha dejado de ser un deseo, un pensamiento, y toma al fin su lugar en la familia. Pero con independencia de que el bebé se alimente con el biberón o con el pecho, una cosa está clara: la leche debe ser el único alimento del recién nacido. Hasta pasados los 4 meses, su capacidad de deglución y digestión no están lo bastante desarrolladas como para plantearse la introducción de otros alimentos. Disminuir el consumo de leche para ofrecer otros alimentos puede conllevar una carencia en aporte calórico, lípidos y hierro, por no hablar de los problemas de riesgos de alergias.

la primera vez que se le da el pecho

¿Por qué dedicar tanto tiempo y energías a dar el pecho al bebé cuando las leches artificiales que se encuentran en los comercios, según sus fabricantes, son tan benéficas y protectoras como la leche materna? No importa lo que digan los publicitarios: no hay alimento más adecuado para el bebé que la leche de su madre. Y es que la leche materna es una maravilla: no hay necesidad de esterilizarla; se encuentra siempre a la temperatura adecuada y lista para degustar; su gusto es muy variado, pues se aromatiza con la alimentación materna, y es una excelente iniciación al gusto, pues predispone al pequeño a los sabores diversificados. Por si fuera poco, dar el pecho también es muy provechoso para las madres. Las glándulas mamarias y el útero están estrechamente relacionados, de manera que, cuando el bebé mama, las contracciones del útero permiten que se restablezca de nuevo su tamaño normal, por lo que la madre recuperará su vientre de jovencita más rápidamente. Para terminar, un detalle importante en términos económicos: la leche materna es gratuita y, por lo tanto, económica.

conservar la leche materna

La leche materna puede conservarse 24 horas en la nevera y hasta 3 meses en el congelador (a -18°C). Basta con recogerla en un recipiente adecuado. Para ello, hace falta respetar algunas reglas de higiene muy sencillas:
- lavarse minuciosamente las manos con jabón;
- esterilizar los recipientes (biberones o recipientes plásticos);
- indicar claramente la fecha en que se ha recogido la leche.
Para descongelar, recaliente la leche congelada al baño maría o muy lentamente en el microondas. No la descongele nunca a temperatura ambiente.

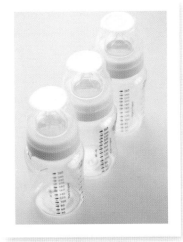

el primer biberón

Es indudable que se han realizado grandes progresos en la fabricación de leches sustitutivas de la leche materna. De hecho, cada vez se parecen más (pienso sobre todo en la adaptación de las proteínas de la leche de vaca al aparato digestivo del pequeño). Añadamos a ello que la variedad de leches disponibles permiten elegir una verdaderamente adaptada a las necesidades específicas de cada niño. Y cuanto más se personalice la alimentación láctea, mejor se sentirá el bebé y, por lo tanto, usted. La alimentación con biberón permite controlar los ritmos y saber exactamente cuánto come. Horarios, cantidades y frecuencia son más fáciles de prever, lo que da confianza a los padres novatos.

En fin, el biberón permite a los padres hacerse un lugar en la relación tan única entre el lactante y su madre. En definitiva, si la madre siente la lactancia como un problema, un sacrificio o una abnegación demasiado fuerte, es inútil insistir. Es mejor que el bebé tenga una mamá feliz y serena en el momento de darle el biberón, que una mamá resentida y angustiada por la idea de dar el pecho.

qué leche elegir en función de la edad del bebé

Leches de los primeros meses

Están destinadas a sustituir la leche materna durante el período de lactancia exclusivo, es decir de 0 a 4 meses completos, o 6 meses en caso de alergia del niño. Cubren todas las necesidades, salvo las de la vitamina D, de ahí la necesidad de un aporte suplementario diario, siempre bajo prescripción médica.

Leches de continuación

Destinadas a los bebés que han iniciado la diversificación alimentaria. Es indispensable dar al bebé un mínimo de 500 ml de leche diarios hasta los 12 meses para cubrir sus necesidades nutricionales.

Leches de crecimiento

Están adaptadas a los niños de 1 a 3 años, y proporcionan el aporte necesario de hierro y ácidos grasos esenciales, que no contiene la leche de vaca. Si no puede ofrecer leche de crecimiento a su bebé, decántese por la leche de vaca entera en vez de por la semidesnatada.

¿Y si uno de los secretos de la cocina para bebés fuese la organización?

Quizás piense que se trata de un cliché. Sin embargo, es la pura verdad. Para no abandonarlo todo al cabo de algunas semanas de la mezcla explosiva cocina-metro-trabajo-privación del sueño, su única tabla de salvación es llevar una logística perfectamente milimetrada. Sígala por pasos e intégrela en su vida cotidiana: con el tiempo lo hará sin pensar. Pero antes de ello, siga este pequeño curso teórico. Las bases de una logística de campeón caben en los dedos de una sola mano.

regla n.º 1: *no se separe jamás de los alimentos «salvadores»*

¿Por qué «salvadores»? Porque si logra tenerlos siempre al alcance de la mano le salvarán la vida, le permitirán preparar recetas sanas, rápidas y deliciosas para toda la familia. Sin este «mínimo culinario», cada receta se convertirá en un Himalaya imposible de escalar y tendrá que salir cada día a comprar algún ingrediente que le falte: una verdadera pesadilla para un padre activo. Le invito pues a que reponga de forma periódica los «alimentos salvadores».

regla n.º 2: *aproveche las recetas para el resto de la familia*

Sí, va a cocinar recetas para su bebé. Pero considere la idea bajo otro ángulo: las verduras, o los platos que prepare para la cena del futuro *gourmet*, le pueden servir de base para su propia cena. Así, no tendrá la impresión de pasar la velada entre cacerolas, entre las recetas para el benjamín, la cena de los dos mayores y la cena con su querido y tierno compañero. Para casi cualquier receta en el libro, encontrará instrucciones con trucos para transformar el plato del bebé en todo un placer para los mayores.

regla n.º 3: *preparare más para trabajar menos*

Seamos honestos: hay noches en las que incluso las madres más eficaces no tendrán tiempo material de dedicar 20 minutos a la preparación de la cena por culpa de una reunión de trabajo que no termina nunca, un embotellamiento monstruoso, un resfriado galopante… No se estrese: a buen seguro habrá previsto con antelación este problema y lo habrá resuelto la mar de bien. ¿Cómo? Pues sacando del congelador «recipientes de urgencia» que habrá preparado con antelación en los días en que habrá tenido el coraje de hacerlo. ¿No es de las que lo previenen todo y tiene miedo de no tener jamás el coraje de preparar sus «recipientes de urgencia»? Ningún problema, yo también soy holgazana, y ésa es precisamente la razón de que lleve una logística de hierro: sólo tiene que preparar grandes cantidades de purés sencillos cuando cocine para el bebé o las verduras de la familia.

página 14

regla n.º 4: *planifique las recetas para toda una semana*

Se facilitará mucho la vida si puede planificar las recetas para una semana. Por un lado, porque al decidir las recetas que va a cocinar podrá realizar las compras de una sola vez y, de ese modo, se ahorrará los horrores del supermercado lleno a rebosar a la vuelta del trabajo. Por otra parte, porque podrá planificar las recetas en función del tiempo disponible a lo largo de la semana. ¿Sus martes son siempre complicados, condicionados por la eterna reunión que el jefe se emperra en mantener más allá de las 7 de la tarde? Olvídese del guiso que pensaba preparar y aproveche en cambio el lunes por la noche, siempre más calmado porque el mayor tiene la costumbre de ir a dormir a casa de la abuela, para preparar el pisto del martes por la noche. En una palabra: pla-ni-fi-que para poder sacar el mejor partido de su tiempo.

Regla n.º 5: *haga del domingo por la noche su mejor aliado*

Huya de las películas del domingo. En vez de perder el tiempo cambiando de un canal a otro, utilice esta noche para avanzar las cenas de toda la semana. Una música agradable como fondo sonoro, y habrá avanzado 1 hora de cocina que la hará ganar tiempo a lo largo de la semana, cuando se encontrará cansada, estresada y con los nervios a flor de piel. Prepare todas las salsas y después congélelas. Si ya sabe que algunas noches serán trepidantes, no dude en preparar la comida y luego congélela, dejando la guarnición (las pastas, la sémola), que preparará en el último momento. Francamente, este momento en la cocina el domingo por la noche, sola con mis pensamientos y mi música, se ha convertido para mí en un un verdadero espacio de tiempo propio.

utensilios indispensables

una batidora/picadora 2 en 1:

Apreciará las ventajas de este aparato que transforma los platos en cremas deliciosas para el bebé, en purés espesos y finalmente en compotas con tropezones. Fácil de utilizar y limpiar.

una cacerola de fondo grueso con su tapa:

No ahorre en este utensilio 4 en 1 que le permitirá dejar reducir un *risotto*, hervir el agua para la pasta, guisar un plato y soasar una carne, todo a la vez. Perfecto para cocinas pequeñas.

un cuchillo mondador:

Si no dispone del mismo, un cuchillo muy cortante hará las veces. Ahora bien, un cuchillo mondador permite apurar más la piel, que contiene la mayoría de vitaminas. Además, es mucho más cómodo.

un pasapurés:

Puesto que está pro-hi-bi-do utilizar la batidora para preparar el puré de patatas, si no quiere encontrarse con un amasijo gomoso, opte por un pasapurés fácil de emplear, lavar y guardar.

un chino grande o un colador tamiz:

No es necesario planificar un viaje a Asia: el chino es un tamiz que le permitirá obtener purés, salsas, *coulis* y compotas, y también le servirá para escurrir pastas y verduras.

recipientes herméticos graduados:

Puesto que son fáciles de emplear, congelar, recalentar, conservar y lavar, son indispensables. Además, le facilitarán la organización de las comidas y, en consecuencia, la vida.

papel de aluminio:

Sirve para envolver, cocer en papillote, escalfar o conservar, lo que lo convierte en todo un clásico del cajón de la cocina.

papel sulfurizado:

Es el papel del que siempre se tiene miedo que se queme en el horno, pero NO, está especialmente concebido para ello, y permite cocer sin quemar, desmoldar con facilidad, proteger o cocer en papillote.

bolsas para congelar:

Provistas de un práctico cierre zip, las bolsas para congelar son indispensables. Permiten conservar los restos al fresco en buenas condiciones higiénicas, formar raciones con las comidas del bebé para congelarlas o bien dejarlas en la nevera, y transportarlas sin riesgo de fuga.

una tabla para picar y un buen cuchillo:

Decántese por una tabla grande, de plástico (la madera es un nido de microbios) y bastante flexible para echar las verduras y hortalizas troceadas en la cacerola sin que se caiga fuera la mitad.

La despensa

Son fundamentales en toda alacena, productos de los que siempre debe tener un paquete de reserva y revisar a menudo para no quedarse sin ellos. Una compra bimestral es suficiente.

pasas

orejones de albaricoque y ciruelas pasas

miel

comino, jengibre, cuatro especias, canela

azúcar

levadura en polvo

aceite de oliva

LEVURE CHIMIQUE
«ALSACIENNE»
MARQUES DÉPOSÉES
DOSE POUR 500 G DE FARINE

cubitos de caldo

azúcar moreno

pastas

harina

muesli: crujiente o al natural

sémola fina y polenta

arroz basmati y bomba

Los congelados

Son los alimentos frescos que se han congelado para facilitarle la vida culinaria: se conservan mucho tiempo y conservan todas sus propiedades nutricionales y gustativas, como si acabara de recolectarlos.

bayas y frutos exóticos: mango, lichi, piña

hierbas aromáticas: albahaca, cebollino, estragón, tomillo, cilantro, así como escalonias y ajo picados

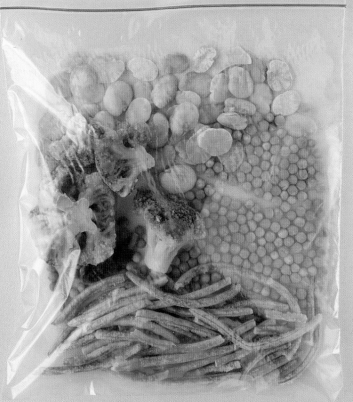

filetes de pescado: bacalao fresco, salmón, atún y pechugas de pollo

hortalizas verdes: guisantes, brécoles, judías verdes, espinacas

Los productos lácteos

Es su cesta de la compra obligatoria, la lista de lo que comprará habitualmente
en sus idas y venidas al supermercado, muchas veces de forma instintiva.

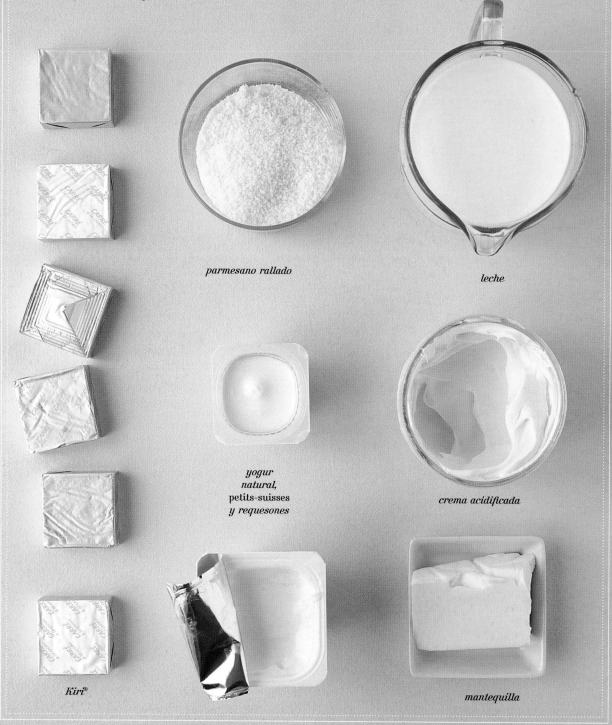

parmesano rallado

leche

*yogur
natural,
petits-suisses
y requesones*

crema acidificada

Kiri®

mantequilla

Frutas y hortalizas

Tenga siempre estos tesoros en pequeñas cantidades en el cajón de las verduras de la nevera para preparar unos platos tan sabrosos como saludables. Renueve el *stock* cada semana.

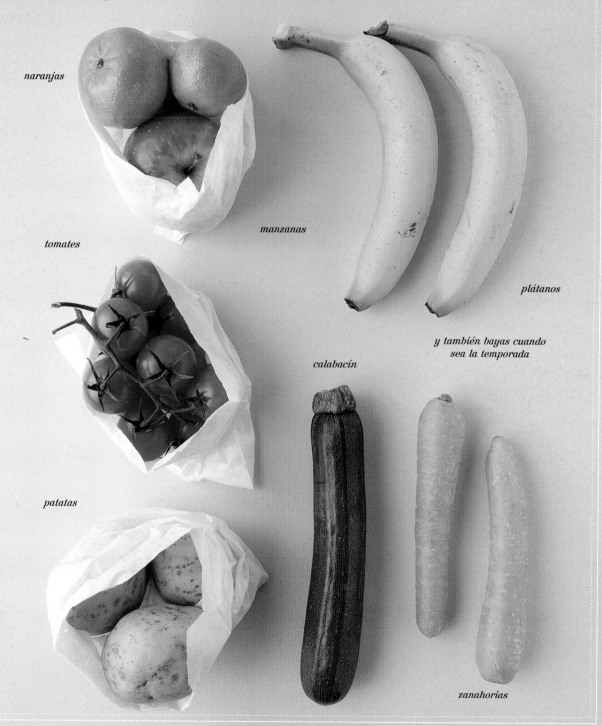

naranjas

manzanas

tomates

plátanos

*y también bayas cuando
sea la temporada*

calabacín

patatas

zanahorias

Mona, 6 meses,
niña gastrónoma

las primeras compotas

y
los primeros purés

a partir de 4 meses cumplidos como muy pronto
(pero ¡si es a los 6 meses no pasa nada!)

DOCTOR JEAN LALAU KERALY
DIRECTOR CLÍNICO DEL
HOSPITAL DE ST-VINCENT DE PAUL
———
PEDIATRA
———
ENDOCRINO NUTRICIONISTA

descubrir los alimentos

¿cuándo empezar a introducir los alimentos sólidos?

Es la gran pregunta que mortifica a los padres. Algunos creen que su pequeño no está bien alimentado si no le ofrecen su primer puré el mismo día que cumple los 4 meses. Otros consideran que la inofensiva judía verde provoca alergia, de ahí que deba sufrir las peores transformaciones culinarias para perder su toxicidad y al mismo tiempo sus vitaminas.

escuche a su bebé

En mi opinión, el momento de ofrecer al bebé sus primeras frutas y hortalizas es… cuando éste empieza a mostrar interés por ellas. A los 5 meses, ¿empieza a rezongar para acabarse el biberón? ¿Da la mano para atrapar lo que se encuentra en el plato o reclama el trozo de pan que usted va a comer? Es sin duda el momento de hacerle probar sus primeras compotas. ¿Arde de impaciencia ante la idea de hacer probar el puré de zanahorias a su bebé de 6 meses, que succiona ávidamente el biberón y se obstina en cerrar la boca cuando se le ofrece la cuchara llena? Pruebe más tarde. Entre los 4 y los 6 meses no hay ninguna urgencia: la leche es su alimento básico, que le sirve para crecer sano y fuerte. Las primeras comidas constituyen una iniciación a los sabores y a los placeres de la comida, pero no son, o lo son muy poco, un aporte nutricional relevante.

el camino hacia la diversificación

¿Frutas u hortalizas antes o después? Es la pregunta que hacen sistemáticamente los padres a los pediatras. Para evitar el socorrido «no importa», los pediatras han formado dos clanes: los prohortalizas primero y los profrutas primero, cada uno con argumentos excelentes. En realidad, cuando usted descubre un alimento a su pequeño, poco importa que se trate de una fruta u hortaliza. Simplemente hay que evitar los alimentos de «riesgo», es decir, alérgenos como la clara de huevo, las fresas, las frutas con cáscara…

déjelo ir a su ritmo

Algunos padres se preocupan al ver que su bebé rehúsa los cereales (sin gluten) que los cuadros de diversificación alimentaria le prescriben. ¿Qué importancia tiene, si el pequeño goza de buena salud? En la fase de diversificación, proponga al bebé lo que le guste y despierte su curiosidad. Deje que conozca los alimentos, y no se inquiete si no termina los 14,5 g prescritos por el pediatra, pues sus necesidades nutricionales las cubre de sobra la leche.

¿reclama todavía zanahorias?

Pues adelante: su objetivo es hacerle descubrir las frutas y hortalizas, es decir, el placer de comer. Ofrézcale frutas y hortalizas que le apetezca cocinar siguiendo las necesidades de su pequeño. ¿Hace calor? Opte por la compota de melocotones. ¿Hace frío? Prepare un buen puré de brécoles. Inicie la diversificación poco a poco, ofreciéndole al principio un solo y único alimento cada 3-4 días para así ver cómo reacciona. Si todo va bien, podrá seguir introduciendo otros alimentos.

no fuerce nunca al pequeño

Esto podría comprometer en buena medida las buenas relaciones que haya de mantener más adelante con los alimentos. Conténtese con poner a su disposición las frutas u hortalizas preparadas y observe su reacción. No dude en llevar al bebé a la mesa familiar para que se familiarice con sus (buenas) costumbres alimentarias y entre en la dinámica de los «mayores». Y si, además, descubre que usted come lo mismo que él, lo más probable es que se adelante rápidamente en el mundo mágico de los alimentos.

los diversificadores fóbicos

Los padres inquietos por la peligrosidad potencial de los alimentos deben saber que no pueden permitir que su hijo viva bajo una burbuja protectora, manteniéndolo a la fuerza en el estadio de lactante. El paso a la alimentación sólida es un cambio en su desarrollo psicomotriz. Los alimentos no son peligrosos, incluso si el bebé es alérgico. Hace falta tomarse tiempo para que el bebé se acostumbre a las frutas y hortalizas. Aprovéchelo para comprobar sus reacciones, ajustando su alimentación en función de las propias necesidades. Sepa también que retrasar la introducción de los primeros alimentos (más allá de los 7-8 meses) tiene el riesgo de exponer al bebé a carencias o problemas de comportamiento alimentario.

los diversificadores apresurados

Aquellos que desean introducir demasiado pronto los alimentos (antes de los 4 meses), deben saber que hacerlo supone sustituir un alimento completo (la leche) por otro de calidad inferior, lo que podría conllevar el riesgo de sufrir problemas más o menos graves. Una vez cumplidos los 4 meses, el aparato digestivo del bebé es capaz de asimilar otros alimentos más allá de la leche. Su mucosa intestinal se ha reforzado, con lo que se reducen los riesgos de sufrir una alergia alimentaria. Por otro lado, el reflejo de succión disminuye y la coordinación muscular mejora, hecho que permite al bebé manejar la lengua para ingerir los purés a través de la garganta y luego deglutirlos.

compota de melocotones

5' 10' 24ʰ -18°

Para 5 raciones de 100 g

12 melocotones amarillos
1 cucharada de miel

1. Lave los melocotones, deshuéselos y trocéelos.
2. Póngalos en una cacerola, cúbralos hasta los tres tercios de su altura con agua, lleve a ebullición, tape y deje cocer a fuego medio unos 10 minutos. Al finalizar la cocción, deben quedar 3-5 cucharadas de líquido.
3. Añada la miel y mezcle hasta obtener una compota lisa.

mis pequeños trucos ñam ñam

Puede añadir 1 o 2 hojas de menta fresca al finalizar la cocción. Los melocotones contienen bastante agua: si queda demasiado líquido al finalizar la cocción, guárdelo como un almíbar natural y empléelo en vez del azúcar para un yogur como postre.

compota de manzanas

⏰	🍲	🧊	❄
10'	15'	24ʰ	-18°

Para 5 raciones de 100 g

*5-6 manzanas dulces
(Boskoop, golden), es decir
unos 600 g*

1. Lave y pele las manzanas, retire las pepitas y córtelas en dados.
2. Ponga las manzanas en una cacerola y cúbralas con agua hasta la mitad, lleve a ebullición y déjelas cocer a fuego medio 15 minutos destapadas. Al finalizar la cocción, deben quedar unas 3-4 cucharadas de líquido.
3. Compruebe que las manzanas están bien cocidas y bátalas hasta obtener una compota bien fina.

mis pequeños trucos ñam ñam

Para variar un poco, añada ½ cucharadita de canela a las manzanas al iniciar la cocción. A mis hijos les encanta también que prepare la receta con manzana y plátano a partes iguales. Para ello, sustituya dos manzanas por dos plátanos, pélelos y córtelos a rodajas. Cueza según la receta y mezcle. Es delicioso.

compota de peras

Para 5 raciones de 100 g

*6 peras grandes (unos 600 g),
a ser posible Williams*

1. Lave y pele las peras, retire las pepitas y córtelas en dados.
2. Ponga las peras en una cacerola y cúbralas con agua hasta la mitad, lleve a ebullición y deje cocer a fuego medio 15 minutos sin tapar. Al finalizar la cocción, deben quedar 3-4 cucharadas de líquido.
3. Compruebe que las peras están bien cocidas y bátalas hasta obtener una compota bien fina.

mis pequeños trucos ñam ñam

Esta compota todavía queda mejor si se le añade un trozo de vainilla en el momento de la cocción. Abra la vaina de vainilla a lo largo, ralle los granos con un cuchillo para retirarlos e incorpórelos a la preparación con la vaina abierta. Antes de batir, retire esta última. Para añadir un toque más caramelizado, añada 4 cucharadas de miel al finalizar la cocción (2-3 minutos antes de retirar las peras del fuego). Mezcle sin cesar para que la miel no se pegue al fondo de la cacerola. Bata.

compota de albaricoques

Para 5 raciones de 100 g

15 albaricoques (unos 600 g)

1. Lave los albaricoques, deshuéselos
y corte la carne en dados pequeños.
2. Póngalos en una cacerola, cúbralos hasta la mitad
con agua, lleve a ebullición, tape y deje cocer a
fuego medio unos 15 minutos. Al finalizar la cocción
deben quedar unas 3-4 cucharadas de líquido.
3. Bata hasta obtener una compota bien fina.

mis pequeños trucos ñam ñam

Los albaricoques casan a la perfección con la vainilla.
Abra una vaina de vainilla a lo largo, raspe con un cuchillo
los granos y añádalos a la cacerola con la vaina abierta.
Retire esta última antes de batir. Otra opción es añadir
2 hojas de albahaca antes de batir. Pruebe esta variante
de compota de albaricoques como guarnición de una
carne asada o sírvala con un queso de cabra maduro.

compota de melón

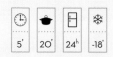

Para 5 raciones de 100 g

1 melón tipo cantalupo

1. Corte el melón por la mitad, retire las pepitas y córtelo en gajos. Retire la cáscara con el cuchillo y corte la carne en dados.
2. Bata sin cocer hasta obtener una compota muy refrescante.

Para un gusto más intenso:
1. Ase las rodajas de melón en el horno para reducir la cantidad de agua que contiene y concentrar su gusto.
2. Precaliente el horno a 200 °C.
3. Coloque las rodajas de melón sobre una placa forrada con papel de aluminio.
4. Introduzca en el horno y ase durante 20 minutos.
5. Retire el melón del horno y bátalo hasta obtener una compota muy fina.

mis pequeños trucos ñam ñam

Pruebe esta versión «asada» con sandía. Siga la receta anterior, doble la cantidad de fruta y retire todas las pepitas negras.
Para los papás, esta compota es deliciosa como postre con una bola de helado de vainilla y hojas de albahaca finamente picadas.

compota de ciruelas mirabel a la miel

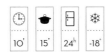

Para 5 raciones de 100 g

750 g de ciruelas
2 cucharadas de miel líquida
(de acacia)

1. Lave las ciruelas y córtelas por la mitad. Deshuéselas.
2. Póngalas en una cacerola y cúbralas con agua hasta la mitad, lleve a ebullición y deje cocer unos 10 minutos sin tapar.
3. Añada la miel y prosiga la cocción 5 minutos.
4. Deben quedar 3-4 cucharadas de líquido al finalizar la cocción. Si hay más, retire el sobrante y utilícelo como un azúcar natural para endulzar productos lácteos o en la merienda. Si no hay bastante, añada un poco de agua.
5. Bata hasta obtener un puré bien fino.

mis pequeños trucos ñam ñam

Para los mayores, puede sustituir la miel por azúcar moreno. Para darle un toque crujiente, espolvoree la compota sin azucarar con azúcar moreno en el momento de servir. Fuera de temporada utilice ciruelas congeladas, que también son excelentes para preparar compota.

compota de plátano y mango

Para 5 raciones de 100 g

*2 mangos grandes maduros
(unos 400 g de carne)
3 plátanos*

1. Corte los mangos de arriba abajo pasando el cuchillo a lo largo del hueso grande. Con un cuchillo pequeño, retire la piel de las dos mitades y corte la carne en dados. Recupere igualmente la carne que quede alrededor del hueso.
2. Pele los plátanos y córtelos en rodajas.
3. Ponga los mangos y plátanos en una cacerola, y cúbralos con agua hasta la mitad. Lleve a ebullición, tape y deje cocer unos 10 minutos. Al finalizar la cocción deben quedar unas 3 cucharadas de líquido.
4. Bata hasta obtener una compota muy fina.

mis pequeños trucos ñam ñam
El mango congelado, que se vende ya pelado, es más económico y práctico que el fresco.

compota de plátano y lichis

15' · 20' · 24ʰ · -18°

Para 5 raciones de 100 g

2 piñas Victoria
(unos 300 g)
200 g de lichis
(frescos o congelados, evite
los enlatados, pues son
muy dulces)

1. Pela la piña retirando por completo la corteza. Corte alrededor del corazón duro, tírelo y después corte la carne en dados.
2. Retire la cáscara de los lichis y, si los emplea frescos, deshuéselos.
3. Ponga las frutas en una cacerola y cúbralas con agua hasta la mitad, lleve a ebullición y deje cocer a fuego lento 10 minutos. Al finalizar la cocción deben quedar unas 3 cucharadas de líquido.
4. Bata hasta obtener una compota bien fina.

mis pequeños trucos ñam ñam

Al ser la compota preferida de mi hija cuando era pequeña, la solía preparar durante todo el año. La piña y los lichis congelados son más prácticos que la fruta fresca y se encuentran disponibles durante todo el año.

compota de cerezas y manzanas

Para 5 raciones de 100 g

400 g de cerezas
3 manzanas grandes
(Booskoop o golden), es decir,
unos 300 g

1. Lave las cerezas, quíteles los rabillos y deshuéselas con un cuchillo pequeño.
2. Lave y pele las manzanas, retire las semillas y córtelas en dados.
3. Ponga las frutas en una cacerola y cúbralas con agua hasta la mitad. Lleve a ebullición, tape y deje cocer 15 minutos. Al finalizar la cocción deben quedar unas 3 cucharadas de líquido.
4. Bata hasta obtener un puré bien fino.

mis pequeños trucos ñam ñam

Fuera de temporada puede sustituir las cerezas por uvas negras. Lávelas, córtelas por la mitad y retire las pepitas. Elija a ser posible manzanas dulces tipo golden para contrarrestar la ligera acidez de las uvas.

compota de ciruelas y peras

Para 5 raciones de 100 g

15 ciruelas medianas (unos 350 g)
3 peras dulces (Williams)

1. Lave las ciruelas y deshuéselas con un cuchillo pequeño.
2. Lave y pele las peras, retire las pepitas y córtelas en dados.
3. Ponga las frutas en una cacerola y cúbralas con agua hasta un tercio de su altura. Lleve a ebullición, tape y deje cocer unos 15 minutos. Al finalizar la cocción deben quedar unas 3 cucharadas de líquido.
4. Bata hasta obtener una compota bien fina.

mis pequeños trucos ñam ñam

Hay muchas variedades de ciruelas, algunas más ácidas que otras. Opte por aquellas que estén bien maduras y dulces, pues la piel aporta una nota ácida.

puré de zanahorias

Para 5 raciones de 100 g

3 zanahorias grandes (unos 500 g)
1 cucharadita de aceite de girasol

1. Lave y pele las zanahorias; después córtelas en rodajas.
2. Póngalas en una cacerola, cúbralas con
agua y déjelas cocer 15 minutos.
3. Escurra y bata las zanahorias con el aceite de girasol.

mis pequeños trucos ñam ñam

Las zanahorias pierden alguna vez un poco de su gusto dulzón
durante la cocción. Para reforzar su sabor natural, añada algunas
hojas de cilantro fresco al finalizar la cocción, que conservará
cuando vaya a batir.
Para darle un toque oriental, cueza las zanahorias en 20 cl
de zumo de naranja. Al finalizar, bátalas con su líquido,
½ cucharadita de comino molido y unas gotas de miel.
Esta variante les encanta también a los mayores.

puré de brécol

7' 10' 24ʰ -18°

Para 5 raciones de 100 g

600 g de ramitos de brécol
(frescos o congelados)
1 cucharadita de aceite de oliva

1. Lave y corte los ramitos de brécol si los emplea frescos.
2. Póngalos en una cacerola y cúbralos con agua hasta la mitad. Lleve a ebullición y deje cocer destapado durante 10 minutos.
3. Debe quedar muy poca agua al finalizar la cocción (unas 2 cucharadas).
4. Bata los ramitos de brécol con el agua de cocción restante y el aceite de oliva.

mis pequeños trucos ñam ñam

Para que este puré quede más suave, añada dos raciones de queso tipo Kiri® en el momento de batir.
Puede agregar también algunas hojas de perejil o salvia antes de batir. Queda excelente.

puré de guisantes

Para 5 raciones de 100 g

500 g de guisantes congelados
2 cucharadas de crema
acidificada

1. Ponga los guisantes en una cacerola y cúbralos con agua, lleve a ebullición y deje cocer 7-8 minutos. Escúrralos.
2. Bátalos con la crema acidificada hasta obtener un puré bien fino.

mis pequeños trucos ñam ñam

Para obtener un toque acidulado, mezcle con 2 hojas de menta fresca. Excelente tanto para el bebé como para toda la familia, con cordero asado, por ejemplo. Algunos niños no aprecian la textura un poco granulosa del puré de guisantes pues su piel es algo gruesa. Personalmente, encuentro positivo que los bebés se acostumbren a las texturas naturales de los alimentos, pero en este caso pase el puré por el chino para que quede más fino.

puré de judías verdes

5' 10' 24ʰ -18°

Para 5 raciones de 100 g

500 g de judías verdes, frescas
o congeladas
1 cucharadita de aceite de oliva

1. Corte los extremos de las judías si son frescas.
2. Póngalas en una cacerola, cúbralas con agua hasta la mitad, lleve a ebullición y deje cocer sin tapar durante 10 minutos. Debe quedar muy poca agua al finalizar la cocción (unas 2 cucharadas).
3. Bata las judías con el agua de cocción restante y el aceite de oliva.

mis pequeños trucos ñam ñam

Este puré también se puede preparar sustituyendo la mitad de las judías verdes por guisantes. Es muy bueno, un poco dulce y más cremoso que el puré sólo de judías verdes. Para introducir una nota estival, añada 2 hojas de albahaca antes de batir. De hecho, esta hierba aromática casa a la perfección con las dos variantes de este puré.

puré de aguacates

5'   5'

Para 1 ración de 100 g

1 aguacate muy maduro
2-3 gotas de zumo de limón

1. Parta el aguacate y deshuéselo.
2. Con ayuda de un vaciador, retire la carne y póngala en un cuenco.
3. Bata con unas gotas de zumo de limón para conservar el color verde.

mis pequeños trucos ñam ñam

A diferencia de otras frutas, el aguacate no madura en el árbol, sino una vez cortado. Un aguacate duro es, pues, señal de fresco. Para hacerlo madurar, déjelo simplemente a temperatura ambiente, en papel kraft marrón. Para acelerar el proceso, póngalo al lado de un plátano o una manzana: al desprender etileno de forma natural, estas frutas lo harán madurar con rapidez. Mi hija Maya continúa devorando este puré con pollo, carne asada o pescados como el atún o el pez espada. Ahora que ha crecido un poco, añadimos un poco de flor de sal y una gota de Tabasco en su guacamole versión infantil.

puré de boniatos

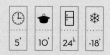

5' 10' 24ʰ -18°

Para 5 raciones de 100 g

3 boniatos grandes (unos 600 g)
1 nuez de mantequilla (10 g)

1. Lave y pele los boniatos; luego córtelos en dados.
2. Póngalos en una cacerola, cúbralos con agua, lleve a ebullición y deje cocer 15 minutos. Escurra.
3. Bata los boniatos con la mantequilla hasta obtener un puré bien fino.

mis pequeños trucos ñam ñam

El boniato tiene un gusto dulce muy apreciado por los niños. Para los mayores, los corto a menudo en tiras que aso al horno unos 20 minutos. Su gusto es más pronunciado y a los niños les encanta comerlos con los dedos.

puré de chirivías

10' | 15' | 24ʰ | -18°

Para 5 raciones de 100 g

4 chirivías (unos 600 g)
20 cl de leche
1 nuez de mantequilla (10 g)

1. Lave y pele las chirivías; córtelas luego en dados.
2. Póngalas en una cacerola, cubra con la leche, lleve a ebullición y deje cocer 15 minutos. Escurra (guarde un poco de la leche).
3. Bata con la nuez de mantequilla hasta obtener un puré bien fino y añada un poco de leche para que quede bien cremoso.

mis pequeños trucos ñam ñam

Varíe el puré sustituyendo las chirivías por una manzana dulce, como la golden. Añádala pelada y cortada en dados 5 minutos antes de finalizar la cocción de las chirivías. Retire el sobrante de leche para que el puré no quede demasiado líquido. Bata. Este puré, más dulce y afrutado, es excelente incluso para los más pequeños. Para los mayores, lo sirvo con buey a la borgoñona o con chuletas de cordero.

puré de coliflor

Para 5 raciones de 100 g

600 g de ramitos de coliflor
(frescos o congelados)
20 cl de leche
1 nuez de mantequilla (10 g)

1. Lave y corte los ramitos si la coliflor es fresca.
2. Ponga a hervir la leche en una cacerola, añada la coliflor y déjela cocer a fuego medio (la leche se desborda con facilidad) durante 15 minutos.
3. Reserve la leche para ajustar la textura.
4. Bata la coliflor con la nuez de mantequilla e incorpore un poco de leche para obtener un puré bien fino y cremoso.

mis pequeños trucos ñam ñam

Ponga un poco de tomillo en la cacerola 5 minutos antes de finalizar la cocción. Retírelo antes de batir. El tomillo atenúa, pero sin llegar a desvirtuar el sabor de la coliflor.

puré de calabaza

Para 5 raciones de 100 g

*1 trozo de calabaza de 750 g
(se reduce mucho durante la
cocción)
1 patata monalisa grande
1 nuez de mantequilla (10 g)
2-3 gotas de zumo de limón*

1. Lave y pele la calabaza y la patata; luego córtelas en dados.
2. Póngalas en una cacerola, cúbralas con agua, lleve a ebullición y deje cocer 15 minutos. Escurra.
3. Bata la mezcla con la nuez de mantequilla y el limón hasta obtener un puré bien fino.

mis pequeños trucos ñam ñam

Este puré queda todavía mejor realzado con vainilla o una pizca de comino. Para la vainilla, abra una vaina y raspe los granos pequeños con un cuchillo, añadiéndolos a la calabaza justo antes de batir. En el caso del comino, incorpore $1/4$ de cucharadita molido antes de mezclar.

El gusto de la calabaza puede resultar algo «terroso» a veces. Unas gotas de limón aportan justo el toque de acidez necesario para contrarrestar y realzar todo su sabor natural.

puré de maíz y patatas

Para 5 raciones de 100 g

400 g de maíz congelado o
enlatado
2 patatas
1 nuez de mantequilla

1. Lave y pele las patatas, córtelas luego en dados.
2. Póngalas en una cacerola y cúbralas con agua. Lleve a ebullición y deje cocer durante 10 minutos. Añada el maíz y prosiga la cocción. Escurra.
3. Bata con la nuez de mantequilla hasta obtener un puré bien fino.

mis pequeños trucos ñam ñam

Puede sustituir la patata por zanahorias. Como en el caso de los guisantes, la piel de los granos de maíz hace que el puré quede algo granuloso. Si al bebé no le gusta, páselo por el chino.

Milo, 7 meses, no hay plato que se le resista

Las primeras comidas

y

los primeros postres

a partir de 6 meses cumplidos como muy pronto

los primeros desayunos

En el transcurso de algunos meses el bebé estará acostumbrado a la nueva alimentación; ahora come verdaderas raciones de verduras al mediodía y frutas para merendar, conservando los biberones de leche como alimentación principal (no menos de 750 ml diarios). Por la noche disfruta de su biberón de leche, al que se le habrán añadido, o no, cereales según su apetito.

introducción de nuevos alimentos

A esta edad (6-7 meses), el bebé puede realizar otro paso en su camino hacia una alimentación de mayor: la introducción de la carne, el pescado, los productos lácteos como la leche o el queso, así como de cereales con gluten y algunas grasas (aceite de oliva, de colza, mantequilla). Con estos nuevos ingredientes, los padres podrán preparar menús más elaborados y recetas más interesantes. Esto permite equiparar cada vez más la alimentación del bebé con la de la familia, algo maravilloso para el primero porque le dará acceder a otro estatus, y también para los padres porque podrán gestionar con mayor facilidad la logística de las comidas.

poco a poco…

Si bien los 6-7 meses del bebé marcan la introducción de la carne, es inútil convertir a su pequeño en un carnívoro de primera categoría.

A esta edad, 20 g de proteínas animales diarias (2 cucharaditas de café) resultan más que suficientes para su organismo (puede llegar hasta las 3 cucharaditas al finalizar esta fase si al bebé le gusta particularmente). Ahora podrá preparar verdaderas comidas elaboradas con carne o pescado, acompañadas de una guarnición para que el pequeño pueda diferenciar bien las texturas, los colores y los sabores de los alimentos. La comida finalizará con un toque dulce de compota de frutas, o bien con frutas aplastadas, quizás mezcladas con queso blanco.

respetar el apetito, los deseos y preferencias del bebé

Si no termina, no lo fuerce. Si pide otras verduras, sírvaselas. Contrariamente a los adultos, que somos capaces de servirnos hasta tres platos del guiso de cordero de la tía Raimunda, y encima con un poco más de patatas, el bebé sabe hacer caso a su cuerpo y respeta su sensación de saciedad. Si no tiene más hambre, no tomará el postre (sí, sí, aunque le parezca inconcebible). Si no le gusta la compota de maíz que le ha preparado amorosamente, no se la tome usted: ya se la dará a probar más adelante. Recuerde que, al igual que usted, tiene derecho a que no le gusten algunos alimentos, incluso si sus gustos evolucionan. La regla es simplemente que los pruebe.

a partir de los 7 meses

El bebé puede probar los huevos. Al principio sólo la yema, pues la clara es alérgena y se desaconseja antes de 1 año como mínimo (3 años si el niño padece alergia). Empiece proponiéndole ½ yema de huevo (bien cocida) al principio, y después 1 entera a partir de 1 año.

a partir de los 8 meses

Puede dejar que el bebé mastique un trozo de pan, aunque quédese en todo momento a su lado cuando coma: si toma un trozo demasiado grande, no es lo bastante autónomo como para retirarlo por sí mismo. Si tiene miedo de que ocurra un accidente, decántese por las galletas de arroz inflado, que son una fuente de placer para el bebé y resultan más seguras, ya que los granos de arroz inflados se «separan» a medida que el pequeño mastica.

en este capítulo

Va a descubrir verdaderas comidas que marcarán el principio de una nueva era en los descubrimientos gustativos de su hijo. Es el momento de asociar sabores, de preparar recetas más elaboradas y de gusto más osado. Excitar las papilas gustativas del bebé significa permitirle apreciar todo lo que tiene gusto, y no únicamente los «alimentos refugio» sin un sabor definido, tales como el arroz y la pasta.

pollo con zanahorias y albaricoques

15' 20' 24ʰ -18'

Para 5 raciones de 100 g

1 pechuga de pollo (unos 100 g)
10 zanahorias grandes
(unos 600 g)
10-12 albaricoques frescos o
congelados (unos 300 g)
20 cl de zumo de naranja
1 cucharadita de aceite de girasol
2 cucharaditas de escalonias
bien picadas

1. Lave y pele las zanahorias; luego córtelas en rodajas.
2. Lave y deshuese los albaricoques.
3. Corte la pechuga en trozos pequeños.
4. Caliente el aceite en una cacerola de fondo grueso y añada las escalonias picadas. Sofríalas de 1 a 2 minutos y luego añada los trocitos de pollo.
5. Una vez que el pollo esté dorado de manera uniforme, añada las zanahorias, los albaricoques y el zumo de naranja. Vierta agua hasta la mitad de la altura de los ingredientes.
6. Tape y deje cocer a fuego lento 15-20 minutos. Al finalizar la cocción compruebe que las zanahorias están tiernas.
7. Bata hasta obtener un puré bien fino.

Acompañamientos
Sirva este plato acompañado de un puré de chirivías, un puré de nabos (*véase pág. 70*) o un puré de guisantes (*véase pág. 41*).

mis pequeños trucos ñam ñam

Puede sustituir los frutos frescos por 10 orejones de albaricoques y añadir el doble de zumo de naranja. Además del hecho de que se encuentra todo el año, el albaricoque seco tiene la ventaja de ser muy rico en hierro y vitamina B.

revoltillo de pollo al estragón

| 15' | 15' | 24ʰ | -18° |

Para 5 raciones de 100 g

1 pechuga de pollo de unos 100 g
2 calabacines (unos 120 g)
2 nabos (unos 100 g)
100 g de ramitos de brécol
80 g de judías verdes
2 cucharaditas de estragón
troceado
1 cucharadita de aceite de girasol
¼ de cubito de caldo de verduras

1. Lave las hortalizas y pélelas.
2. Corte los nabos en dados. Corte los calabacines en rodajas.
3. Corte la pechuga en trocitos.
4. Caliente el aceite en una cacerola de fondo grueso y añada el pollo. Incorpore las hortalizas, el caldo y el estragón, y cubra con agua hasta la mitad. Deje cocer a fuego medio y sin tapar durante 10 minutos.
5. Retire del fuego, escurra (reserve algunas cucharadas del agua de cocción para rectificar la textura del puré) y bata hasta obtener un puré bien fino.
6. Añada un poco del agua de cocción si encuentra el puré demasiado compacto o granuloso.

Acompañamientos

Sirva este plato acompañado de un puré de boniatos (*véase* pág. 44), o de puré zanahorias a la miel (*véase* pág. 69).

mis pequeños trucos ñam ñam

¿Tiene ganas de impresionar a la familia? Transforme esta receta en un «pollo relleno al estragón y al jamón». Calcule una pechuga de pollo de 150 g por persona. Haga una incisión en la pechuga colocando el cuchillo a la mitad de la altura de la misma y abriéndola sin llegar a cortarla en dos.
Deje cocer las hortalizas con el estragón siguiendo la receta anterior, escúrralas y bátalas hasta obtener un puré compacto. Coloque las pechugas sobre una loncha de jamón serrano; ponga encima una o dos cucharadas del puré, enrolle para encerrar el relleno y cierre con un palillo. Hornee las pechugas a 200 °C en una fuente refractaria durante 10-12 minutos. En el momento de servir, retire los palillos y corte los rollos por la mitad para que se vea el relleno. Acompañe con una ensalada verde y un buen pan untado con queso de cabra fresco.

pavo con maíz y cebollas

5'   15'   24ʰ   -18°

Para 5 raciones de 100 g

1 filete de pavo de unos 100 g
350 g de maíz en grano congelado
o enlatado
2 cucharadas de cebollas
blancas bien picadas
2 cucharaditas de aceite
de girasol

1. Corte el filete de pavo en trocitos.
2. Caliente el aceite en una cacerola de fondo grueso, añada las cebollas y cueza 1 minuto. Incorpore el pavo y déjelo dorar sin dejar de remover. Agregue el maíz, mezcle bien y cubra con agua hasta la mitad.
3. Deje cocer a fuego lento, sin abrir, durante 15 minutos.
4. Retire del fuego y bata hasta obtener un puré bien fino.
5. Si encuentra que la textura es demasiado granulosa, añada algunas cucharadas de agua y bata un poco más.

Acompañamientos
Sirva este plato acompañado de un puré de calabaza y manzanas (*véase* pág. 68) o de un puré de boniatos (*véase* pág. 44).

mis pequeños trucos ñam ñam

Transforme esta receta en un *risotto* para toda la familia. Deje dorar 200 g de arroz arborio (bomba o calasparra) con las cebollas y el aceite. Añada 40 cl de agua, ½ cubito de caldo de pollo y el maíz. Mezcle hasta que el agua se haya absorbido y el arroz esté cocido. Deje dorar en una sartén los trozos de pavo (cuente 70 g por persona) en 2 cucharaditas de aceite y otras 2 de zumo de limón. Cuando el arroz esté cocido, añada 50 g de parmesano rallado, 1 nuez de mantequilla (10 g) y 5 hojas de salvia a tiritas. Antes de servir, mezcle el pavo con el arroz.

pavo con castañas y manzana

Para 5 raciones de 100 g

1 escalope de pavo de unos 100 g
200 g de castañas precocidas
4 manzanas (unos 250 g)
2 cucharaditas de escalonias
bien picadas
1 cucharadita de aceite de girasol
½ cucharadita de canela
½ cucharadita de jengibre fresco
rallado
½ cucharadita de clavo

1. Lave y pele las manzanas. Córtelas en trocitos y retire las semillas.
2. Corte el pavo en trocitos y déjelos dorar en una cacerola con el aceite de girasol y la escalonia.
3. Incorpore las especias, mezcle, añada las manzanas y las castañas. Cubra con agua hasta la mitad, lleve a ebullición, tape y deje cocer 15 minutos a fuego lento.
4. Retire del fuego y bata.

Acompañamientos

Sirva este plato con un puré de boniatos (*véase* pág. 44) o puré zanahorias a la miel (*véase* pág. 69).

mis pequeños trucos ñam ñam

Prepare esta receta para toda la familia. No es más que un juego de niños. Calcule un escalope de pavo de unos 150 g por persona. En una fuente refractaria pincele los escalopes con miel y unas gotas de zumo de naranja y salsa de soja. Hornee a 200 °C 12-15 minutos. Sirva con un salteado de castañas y manzanas según la receta anterior, pero sin añadir agua (deje cocer a fuego medio y caramelizar en el líquido de las manzanas).

picadillo de ternera a la naranja

Para 5 raciones de 100 g

1 escalope de ternera de unos 100 g
1 hinojo (unos 250 g)
4 zanahorias (unos 150 g)
1 cucharadita de escalonias
bien picadas
1 cucharadita de aceite de girasol
30 cl de zumo de naranja

1. Lave y pele las zanahorias, y córtelas a rodajas. Lave el hinojo, retire las ramitas y corte el bulbo en tiras finas. Corte el escalope a dados.

2. Caliente el aceite en una cacerola de fondo grueso y añada la escalonia picada y la carne. Deje dorar, incorpore las zanahorias, el hinojo y el zumo de naranja. Deje cocer a fuego medio sin tapar durante 12 minutos. Vigile que quede siempre zumo de naranja durante la cocción.

3. Baje el fuego o tape el recipiente si observa que el líquido se evapora demasiado rápido.

Acompañamientos

Sirva este plato acompañado de un puré de chirivías (*véase* pág. 45) o de guisantes (*véase* pág. 41).

mis pequeños trucos ñam ñam

Para niños mayores, sirvo este escalope de ternera soasado 3 minutos por lado y sazonado con una pizca de flor de sal y unas gotas de zumo de limón, y lo acompaño de un puré de zanahorias e hinojo a la naranja. Para ello, deje cocer las zanahorias y el hinojo en el zumo de naranja y bata a continuación.

ternera guisada con hortalizas

15'	20'	24ʰ	-18°

Para 5 raciones de 100 g

1 escalope de ternera de unos 100 g
2 colirrábanos (unos 200 g)
1 chirivía grande (unos 100)
1 trozo de apio nabo (unos 50 g)
½ bulbo de hinojo (unos 50 g)
2 cucharaditas de escalonia
bien picada
1 cucharadita de aceite de girasol

1. Lave y pele los nabos, la chirivía y el apio nabo. Lave el hinojo y retire las ramitas.
2. Corte las hortalizas y el escalope en trocitos.
3. Caliente en una cacerola el aceite y dore la escalonia y la carne de manera uniforme. Incorpore las hortalizas, cúbralas con agua hasta la mitad, tape y deje cocer a fuego medio unos 20 minutos. Al finalizar la cocción, deben quedar unas 3 cucharadas de líquido.
4. Retire del fuego y bata hasta obtener un puré bien fino.

Acompañamientos

Sirva este plato acompañado de un puré de judías verdes (*véase* pág. 42), de un puré de brécol o guisantes (*véase* pág. 41).

mis pequeños trucos ñam ñam

Para los niños mayores, dore los dados de carne con las escalonias y reserve. Deje cocer las hortalizas según la receta y bátalas hasta obtener un puré. Acompañe con judías verdes, brécol o guisantes enteros.

cordero con verduras

10'	25'	24ʰ	-18°

Para 5 raciones de 100 g

100 g de paletilla o pierna de
cordero en dados
2 nabos (unos 100 g)
1 calabacín (unos 60 g)
75 g de guisantes
75 g de judías verdes
50 g de ramitos de brécol
1 trozo de apio nabo (unos 30 g)
1 cucharadita de aceite de girasol

1. Lave las hortalizas, pele los nabos y el apio nabo,
y corte todo en dados.
2. Caliente el aceite en una cacerola de fondo grueso y
dore los trozos de cordero. Añada los nabos y el apio
nabo, cubra con agua hasta la mitad, tape y deje cocer 15
minutos a fuego lento. Incorpore las verduras y prosiga
la cocción 10 minutos más. Compruebe que queden
3 cucharadas de líquido al finalizar la cocción.
3. Retire del fuego y bata hasta obtener un puré bien fino.

Acompañamientos
Sirva este plato acompañado de un puré de coliflor
(*véase pág. 46*) o de un puré de zanahorias a la miel (*véase pág. 69*).

mis pequeños trucos ñam ñam

Para una familia de cuatro personas, doble las cantidades
de la receta y calcule 100 g de cordero por persona. Añada al
mismo tiempo que las hortalizas 1 cubito de caldo de pollo,
1 diente de ajo picado y 1 cucharadita de tomillo. Rectifique la
condimentación antes de servir con una pizca de flor de sal
y pimienta molida.

buey guisado a la italiana

| 5' | 10' | 24ʰ | -18˚ |

Para 5 raciones de 100 g

100 g de carne de buey para guisar
3 zanahorias (unos 70 g)
6 tomates grandes (unos 200 g)
2 calabacines (unos 120 g)
1 tallo de apio (unos 20 g)
1 cucharadita de aceite de oliva
½ diente de ajo
2 cucharadas de tomate concentrado
½ cucharadita de tomillo

1. Lave las hortalizas y pele las zanahorias. Corte las hortalizas y la carne en dados. Pique el ajo.
2. Caliente el aceite en una cacerola de fondo grueso y dore el ajo y la carne. Incorpore las hortalizas, el tomate concentrado, el tomillo y 10 cl de agua. Tape y deje cocer 25 minutos a fuego lento.
3. Retire del fuego y bata hasta obtener un puré bien fino.

Acompañamientos
Sirva este plato acompañado de una polenta al parmesano (*véase* pág. 71), un puré de chirivías (*véase* pág. 45) o un puré de aguacate (*véase* pág. 43).

mis pequeños trucos ñam ñam
Este plato queda igualmente delicioso acompañado con pasta. Si lo sirve así, prepare también unas judías verdes.

flan de boniato y bacalao

| 15' | 20' | 24ʰ | -18° |

Para 5 raciones de 100 g

*1 filete de bacalao fresco
de unos 150 g
1 boniato grande (unos 300 g)
1 patata grande (unos 100 g)
1 nuez de mantequilla (unos 10 g)
2 hojas de salvia a tiras finas*

1. Lave el boniato y la patata, y pélelos. Córtelos en trozos y póngalos en una cacerola cubiertos con agua. Lleve a ebullición, tape y deje cocer 15 minutos.
2. En una cacerola, o incluso en el microondas para ganar tiempo, escalfe el pescado 5 minutos.
3. Escurra el boniato y la patata, y aplástelos con un tenedor junto con la mantequilla hasta obtener un puré bien fino.
4. Pique la carne del bacalao y mézclela con el puré y la salvia. Con ayuda de un flanero o de un aro, forme un pequeño flan en el centro del plato del bebé.

Acompañamientos
Sirva este plato acompañado de un puré de guisantes (*véase* pág. 41), de brécol (*véase* pág. 40) o de judías verdes (*véase* pág. 42).

mis pequeños trucos ñam ñam
¿Quiere preparar esta receta para toda la familia? Calcule un filete de bacalao de 150-200 g por persona. Ponga los filetes en una fuente para hornear, vierta un hilo de aceite de oliva, unas gotas de zumo de limón y una pizca de flor de sal. Cubra con el puré de boniato y patata, y hornee 15 minutos a 200 °C.

salmón con espinacas

| 5' | 15' | 24ʰ | -18° |

Para 5 raciones de 100 g

1 filete de salmón de unos 100 g

*500 g de espinacas congeladas (a
ser posible ecológicas)*

*2 cucharadas de crema
acidificada*

¼ de cubito de caldo de verduras

1 cucharadita de zumo de limón

1. Compruebe que no queden espinas en el
salmón y córtelo en dados pequeños.
2. Póngalos crudos en un plato y cubra con
el zumo de limón. Deje reposar.
3. Coloque las espinacas en una cacerola, cúbralas apenas con
agua y el ¼ de cubito de caldo, y lleve a ebullición. Deje cocer 10
minutos. Añada los dados de salmón
y prolongue la cocción 5 minutos más.
4. Escurra y vuelva a poner la cacerola sobre el fuego. Incorpore
la crema acidificada, mezcle bien y caliente apenas.
5. Bata hasta obtener un puré bien fino.

Acompañamientos
Sirva este plato acompañado de un puré de patatas
a la antigua (*véase* pág. 70) o nabos (*véase* pág. 70).

mis pequeños trucos ñam ñam

Este plato se prepara también con pescados blancos,
como el lenguado o el bacalao. Para ello, suprima
el zumo de limón, que dominaría sobre el pescado.

lenguado con calabacines y habas

Para 5 raciones de 100 g

3-4 filetes de lenguado
(unos 100 g)
2 calabacines (unos 200 g)
150 g de habas desgranadas y
peladas, frescas o congeladas
2 cucharaditas de escalonias
bien picadas
1 cucharadita de aceite de oliva
½ diente de ajo picado

1. Compruebe que no haya ninguna espina en los filetes de lenguado.
2. Lave los calabacines y córtelos en rodajas.
3. Caliente el aceite en una cacerola y dore las escalonias y el ajo. Incorpore los calabacines y las habas, cubra con agua hasta la mitad y deje cocer unos 8 minutos.
4. Ponga los filetes de lenguado sobre las hortalizas, tape y cueza 2-3 minutos más.
5. Retire del fuego y compruebe que quedan 2-3 cucharadas de líquido de cocción en el fondo de la cacerola. En caso contrario, añada un poco de agua.
6. Bata hasta obtener un puré bien fino.

Acompañamientos
Sirva este plato con un puré de boniatos (*véase* pág. 44), de zanahorias a la miel (*véase* pág. 69), o de calabaza y manzana (*véase* pág. 68).

mis pequeños trucos ñam ñam

Si no encuentra habas, sustitúyalas por guisantes. Esta receta se adapta fácilmente a toda la familia. Por ejemplo, se puede transformar sin problemas en una *parmentier* de lenguado con boniatos. Ponga en el fondo de una fuente refractaria los calabacines, las habas, el ajo, las escalonias, unas gotas de zumo de limón y la albahaca. Coloque encima los filetes de lenguado crudos (calcule 2-3 por persona, según el tamaño) y cubra el conjunto con un puré de boniatos (*véase* pág. 44). Hornee a 200 °C durante 20 minutos y listo.

dorada al hinojo y a las uvas

| 10' | 20' | 24ʰ | -18° |

Para 5 raciones de 100 g

1 filete de dorada de unos 100 g
1 bulbo de hinojo (unos 150 g)
100 g de uvas blancas,
a ser posible sin pepitas
(o 50 g de pasas sultanas)
2 zanahorias (unos 50 g)
1 chirivía o 2 patatas (unos 60 g)
20 cl de zumo de naranja
1 cucharadita de aceite de girasol

1. Lave el hinojo, retire las ramitas y córtelo en tiras finas. Corte las uvas por la mitad y retire las pepitas. Lave y pele las zanahorias, la chirivía o las patatas, y córtelas en dados.
2. Compruebe que el filete de dorada no contiene espinas.
3. Caliente el aceite en una cacerola de fondo grueso y dore el hinojo. Añada las uvas, las zanahorias y la chirivía o las patatas, vierta el zumo de naranja, tape y deje cocer a fuego lento 15 minutos.
4. Coloque el filete de dorada sobre las hortalizas, tape y prosiga la cocción otros 5-6 minutos.
5. Retire del fuego, compruebe que quedan unas 3 cucharadas de fondo de cocción y bata hasta obtener una textura lisa.

Acompañamientos
Sirva este plato acompañado de un puré de zanahorias al cilantro (*véase* pág. 69) o boniatos (*véase* pág. 44).

mis pequeños trucos ñam ñam

Para una cena de adultos, rellene las cavidades de unas doradas enteras con hinojo y rodajas de limón y ase en el horno a 180 °C durante 25 minutos. Sirva con arroz, hinojo y pasas. Para ello, dore el hinojo y unos 20 g de uvas pasas en un poco de aceite de girasol. Añada 10 cl de arroz y remueva hasta que el arroz esté un poco translúcido. Vierta 30 cl de agua, una pizca de sal, tape y deje cocer hasta la completa absorción del agua.

atún a la nizarda

15'   20'   24ʰ   -18°

Para 5 raciones de 100 g

1 rodaja de atún muy fresco
o congelado (unos 100 g)
2 calabacines (unos 120 g)
6 tomates grandes (unos 200 g)
4 rodajas de berenjena (unos 40 g)
½ diente de ajo
1 cucharada de tomate
concentrado
2 cucharaditas de aceite de oliva
½ cucharadita de tomillo

1. Lave las hortalizas y córtelas en dados.
2. Corte el atún en cubos y pique el ajo.
3. Caliente el aceite en una cacerola de fondo grueso y dore el ajo y el atún. Incorpore las hortalizas, el tomate concentrado y el tomillo. Vierta 10 cl de agua y lleve a ebullición. Baje el fuego, tape y deje cocer a fuego lento 15 minutos.
4. Retire del fuego y bata hasta obtener una textura lisa.

Acompañamientos
Sirva este plato acompañado de una sémola fina al tomillo (*véase* pág. 73) o de una polenta al parmesano (*véase* pág. 73).

mis pequeños trucos ñam ñam
Si ve que la berenjena ha dejado un toque amargo, añada simplemente 1 cucharada de kétchup para que el azúcar del mismo lo neutralice. Para una cena familiar, soase o ase rodajas de atún (150 g por persona) hasta que estén rosadas en el centro (unos 4 minutos por lado). Prepare las hortalizas siguiendo la receta, pero añada igualmente un picadillo de pimiento rojo y una pizca de sal. Sirva el pescado cubierto con ese pisto y uno de los acompañamientos propuestos con anterioridad.

puré de calabaza y manzana

Para 5 raciones de 100 g

500 g de calabaza
2 manzanas dulces y ácidas
(reineta por ejemplo)
1 patata monalisa grande
2 gotas de zumo de limón
1 nuez de mantequilla (10 g)

1. Lave y pele la calabaza, las manzanas y la patata, y córtelas en dados.
2. Ponga los dados en una cacerola y cúbralos con agua, lleve a ebullición y deje cocer 15 minutos. Escurra.
3. Bata con la nuez de mantequilla y el zumo de limón hasta obtener un puré bien fino.

puré de calabaza al comino

Para 5 raciones de 100 g

una rodaja de 750 g de calabaza
1 patata monalisa grande
1 nuez de mantequilla (10 g)
2-3 gotas de zumo de limón
½ cucharadita de comino molido

1. Lave y pele la calabaza y la manzana, y córtelas en dados.
2. Póngalos en una cacerola, cubra con agua, lleve a ebullición y cueza 15 minutos. Escurra.
3. Bata con la nuez de mantequilla, el limón y el comino hasta obtener un puré bien fino.

puré de zanahorias a la miel

Para 5 raciones de 100 g

10' 15' 24ʰ -18°

7 zanahorias grandes (unos 400 g)
1 cucharadita de aceite de girasol
½ cucharadita de miel
1 cucharadita de zumo de limón
1 pizca escasa de comino

1. Lave y pele las zanahorias, y córtelas en rodajas.
2. Caliente el aceite en una cacerola de fondo grueso y saltee las zanahorias 5 minutos a fuego medio. Incorpore la miel, el zumo de limón, el comino y 10 cl de agua. Deje cocer unos 10 minutos: el agua debe absorberse por completo y las zanahorias deben deshacerse.
3. Bata hasta obtener un puré bien fino.

puré de zanahorias al cilantro

Para 5 raciones de 100 g

10' 15' 24ʰ -18°

8 zanahorias grandes (unos 500 g)
1 cucharadita de aceite de girasol
4 hojas de cilantro fresco

1. Lave y pele las zanahorias, y córtelas en rodajas.
2. Póngalas en una cacerola, cúbralas con agua y déjelas cocer unos 15 minutos.
3. Escurra y bata las zanahorias con el aceite de girasol y las hojas de cilantro.

puré de nabos

10'   15'

24ʰ   -18°

Para 5 raciones de 100 g

10 nabos (unos 500 g)
1 nuez de mantequilla (10 g)

1. Lave y pele los nabos, y córtelos en rodajas.
2. Póngalas en una cacerola, cúbralas con agua y deje cocer 15 minutos.
3. Escurra y bata con la nuez de mantequilla.

LAS PRIMERAS COMIDAS

puré de patatas
a la antigua

Para 5 raciones de 100 g

10'   15'

24ʰ   -18°

5 patatas grandes (unos 400 g)
10 cl de leche
1 nuez de mantequilla (10 g)

1. Lave y pele las patatas, y córtelas en dados.
2. Póngalos en una cacerola, cúbralos con agua y cuézalos durante 15 minutos.
3. Escúrralos y aplástelos con la leche y la nuez de mantequilla.
4. No bata las patatas, pues adquieren una consistencia gomosa del todo incomible debido a su gran contenido en almidón.

polenta al parmesano

Para 1 ración de 100 g

50 g de polenta
10 cl de leche
2 cucharadas de parmesano rallado

1. Hierva la leche con el parmesano.
2. Retire del fuego y vierta la polenta sin dejar de remover.
3. Continúe removiendo hasta que la polenta esté homogénea y untuosa.

sémola fina al tomillo

Para 1 ración de 100 g

50 g de sémola fina
5 cl de agua
1 pizca de tomillo

1. Deje hervir el agua con el tomillo.
2. Retire del fuego, incorpore la sémola, tape y déjela hinchar 5 minutos.
3. Separe los granos de sémola con un tenedor antes de servir.

Los lácteos

Le propongo una serie de postres que podrá preparar en función de su logística, es decir, de lo que se encuentre en la nevera y las necesidades de su bebé. *Petit-suisse*, yogur, queso de cabra fresco…, cree usted misma su propio postre, que mezclará con los *coulis* que propongo más adelante. ¡Está prohibido picar del postre del bebé!

petit-suisse

Contrariamente a lo que su nombre evoca, el *petit-suisse* es el embajador de Normandía, aunque su inventor, empleado en una lechería normanda, era de nacionalidad helvética. Fabricado con leche de vaca, cuajada y escurrida, el *petit-suisse* es un queso fresco untuoso enriquecido con crema, que no se ha dejado madurar y que es muy digestible. Dos *petit-suisse* aportan 5 g de proteínas y 65 mg de calcio, es decir, el 10% de las necesidades nutricionales recomendadas para un niño. Añadamos a ello que es una fuente interesante de vitaminas B y A.

yogur natural

Fabricado a partir de leche (de vaca, cabra u oveja), pasteurizada y luego fermentada, el yogur tiene la particularidad de ser muy poco calórico (90 calorías uno), aunque muy rico en proteínas, calcio, fósforo y vitamina B2 (crecimiento, ojos, huesos), puesto que cubre el 25% de las necesidades diarias. Además, los probióticos que se añaden al yogur facilitan la digestión de las fibras, estimulan el sistema inmunitario y previenen la diarrea.

queso blanco

Fabricado a partir de leche cuajada, pero no fermentada, el queso blanco es muy digestivo. Su textura cremosa y su gusto dulzón encantan a los niños. Tiene mucha agua y es pobre en sodio y en calorías, pero en cambio es muy rico en proteínas, vitamina D y calcio.

queso de cabra fresco

El queso de cabra fresco es simplemente leche de cabra que ha cuajado en contacto con el aire. Al igual que la leche cuajada, es muy digestivo ya que contiene menos lactosa que la leche de vaca. Está perfectamente adaptado al frágil sistema digestivo de los bebés. Añadamos que su gusto particular casa a la perfección con la fruta.

coulis de cerezas

Para 5 raciones de 100 g

600 g de cerezas (las negras son excelentes para esta receta)

1. Lave y deshuese las cerezas.
2. Póngalas en una cacerola, aplástelas ligeramente con la mano o un tenedor para que liberen un poco de su zumo y déjelas cocer a fuego muy lento 20 minutos. Añada un poco de agua, si no llevaran suficiente.
3. Retire del fuego y bata hasta obtener un *coulis* bien fino.

mis pequeños trucos ñam ñam

Los mayores pueden degustar este *coulis* con *panna cotta* como postre, o bien con un trozo de queso maduro tras la cena.

coulis de arándanos

Para 5 raciones de 100 g

500 g de arándanos frescos o congelados

1. Lave los arándanos.
2. Póngalos en una cacerola, aplástelos ligeramente con un tenedor para que liberen su zumo y déjelos cocer a fuego lento 10 minutos. Añada un poco de agua, si no llevan la suficiente.
3. Retire del fuego y bata hasta obtener un *coulis* bien fino.

mis pequeños trucos ñam ñam

Las manchas de los arándanos son muy difíciles de eliminar y es probable que el babero de rizo no sea suficiente para evitar que el bebé eche a perder el bonito suéter de la abuela. No le prive, sin embargo, de esta fruta deliciosa. Póngale una bata de mangas largas y el babero. En Suecia, el *coulis* de arándanos se sirve a menudo con crêpes calientes.

coulis de frambuesas y azúcar moreno

Para 5 raciones de 100 g

*500 g de frambuesas (frescas
o congeladas)
1 cucharada de azúcar moreno
2 cucharadas de agua (si utiliza
frambuesas
congeladas, no añada agua)*

1. Compruebe que las frambuesas están bien limpias
y que ningún intruso se esconde en su interior.
2. Lávelas con agua, póngalas en una cacerola y aplástelas
ligeramente con un tenedor para que suelten un poco de
su zumo. Añada el azúcar moreno y el agua y deje cocer a
fuego muy lento 15 minutos. Incorpore, si fuese necesario,
un poco de agua si la preparación pareciera demasiado seca.
3. Bata fuera del fuego hasta obtener un *coulis* bien fino.

mis pequeños trucos ñam ñam

Las frambuesas son ácidas por naturaleza y es por ello que se
les añade azúcar en esta receta. Para los mayores, se puede
incorporar el azúcar moreno al finalizar la cocción para que los
cristales no se derritan y el *coulis* quede un poco crujiente.

coulis de fresas a la menta

Para 5 raciones de 100 g

*500 g de fresas
3 cucharadas de agua
4 hojas de menta fresca*

1. Lave a fondo las fresas y retire los pedúnculos.
2. Póngalas en una cacerola y aplástelas ligeramente con
un tenedor para que liberen un poco de su zumo. Añada
el agua y deje cocer a fuego muy lento 15 minutos.
3. Incorpore las hojas de menta y prosiga la cocción 5 minutos.
Añada un poco de agua, si la cocción le parece seca.
4. Retire del fuego y bata hasta obtener un *coulis* bien fino.

mis pequeños trucos ñam ñam

En primavera, cuando las fresas están bien dulces, sirvo este
coulis con un helado de vainilla. Preparo bastante y lo congelo
para servirlo durante el invierno con un *fondant* de chocolate.

coulis de nectarinas

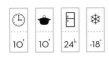

Para 5 raciones de 100 g

500 g de nectarinas
(8-10 piezas)
5 cl de agua

1. Pele las nectarinas con un pelador de hortalizas. Corte la carne en dados y tire el hueso.
2. Ponga los trozos de nectarina en una cacerola y aplástelos ligeramente con un tenedor para que liberen un poco de su zumo. Añada el agua y deje cocer a fuego medio 10 minutos. Incorpore un poco de agua, si la preparación le parece seca.
3. Retire del fuego y bata hasta obtener un *coulis* bien fino.

mis pequeños trucos ñam ñam

Preparo este *coulis* con nectarinas, y no con melocotones, ya que las primeras son más fáciles de pelar. Sin embargo, los melocotones son perfectos para esta receta.

coulis de mango

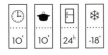

Para 5 raciones de 100 g

500 g de mango o unas 3 piezas
5 cl de agua

1. Corte los mangos a ambos lados del hueso central. Corte las mitades en varias medias lunas y pélelas. Limpie bien el hueso para recuperar el máximo de carne posible.
2. Ponga los trozos de mango en una cacerola y aplástelos ligeramente con un tenedor para que liberen un poco de su zumo. Añada agua y déjelos cocer a fuego lento 10 minutos. Incorpore un poco más de agua, si la preparación le pareciera seca.
3. Retire del fuego y bata hasta obtener un *coulis* bien fino.

mis pequeños trucos ñam ñam

¿Le cuesta encontrar mangos frescos o son demasiado caros? Opte por los congelados, muy adecuados para los *coulis* y más económicos que los frescos.

papillas de fruta

Todas estas frutas pueden aplastarse crudas o batirse y servirse al bebé. Se preparan en el momento de servir, pues crudas contienen demasiada agua como para poder resistir bien el proceso de congelación. Sírvalas con un lácteo o, si el bebé ha aprendido a masticar un poco, con un bizcocho blando.

Una vez que el bebé haya tomado gusto a la fruta y le hayan salido los primeros dientes, no dude en servirle estas frutas crudas en trozos grandes para que pueda comerlas con los dedos.

melón
Corte el melón en rodajas y retire la piel y las semillas. Bata.

melocotón
Corte la carne alrededor del hueso y pele la fruta. Bata.

mango
Corte el mango a ambos lados del hueso. Corte las mitades en varias medias lunas y pele. Raspe el hueso para obtener la máxima carne posible. Bata.

sandía
Corte rodajas de sandía y retire la piel y las semillas. Bata.

pulpa de clementina con una pizca de canela
Pele la clementina y cuartéela. Con ayuda de un cuchillo, abra cada cuarto en sentido longitudinal y pele la fruta. Retire las semillas si las tiene. Aplaste la pulpa con un tenedor, (no bata, pues se transformaría en zumo). Mezcle con una pizca de canela.

pulpa de naranja con una gota de agua de azahar
Pele la naranja y divídala a cuartos. Con ayuda de un cuchillo, abra cada cuarto en sentido longitudinal y pélelo. Retire las semillas si las tiene. Aplaste la pulpa con un tenedor (no bata, pues se transformaría en zumo). Añada una gota de agua de azahar y mezcle bien.

batido de leche: la base...

24ʰ -18°

Para 2 raciones de 15 cl

1 yogur natural
la misma cantidad de leche
con...

fresas y una pizca de azúcar moreno

6-8 fresas lavadas y sin el rabillo
1 cucharadita de azúcar moreno

mango y plátano

½ mango deshuesado y pelado
½ plátano pelado

arándanos y frambuesas

2 cucharadas de arándanos bien lavados
10 frambuesas limpias

melocotón y una gota de miel

1 melocotón deshuesado y pelado
1 cucharadita de miel líquida

1. Mezcle en un cuenco el yogur y la leche, así como las frutas y el azúcar o la miel, en caso de que haya.
2. Bata bien hasta obtener un batido homogéneo.
3. Si el resultado le parece demasiado denso, añada un poco de leche.

Vera, 16 meses, golosa

Las primeras cenas

a partir de 9 meses cumplidos, como mínimo

DOCTOR JEAN LALAU KERALY

DIRECTOR CLÍNICO DEL
HOSPITAL DE ST. VINCENT DE PAUL

PEDIATRA

ENDOCRINO NUTRICIONISTA

las primeras cenas

A los 9 meses su pequeño ya no es un bebé, pero tampoco es mayor. Por más que la lista de alimentos aptos se amplíe, debe seguir alimentándose de forma razonable, sin presión ni voluntad de ir demasiado lejos. Su organismo todavía es frágil y usted tendrá el placer de hacerle descubrir el guiso de su tía cuando su estómago y su organismo sean capaces de digerirlo sin problemas.

fin de las cenas exclusivamente lácteas

Un elemento nuevo e importante marca la entrada en el décimo mes: la llegada de las cenas propiamente dichas. A esta edad, el bebé descubre los platos de hortalizas y féculas. Pero todavía es inútil (y desaconsejable) ofrecerle proteínas animales por la noche: el pescado, el huevo y la carne deben excluirse por el momento, puesto que el bebé ya los consume a mediodía, y una ingesta diaria es más que suficiente para sus necesidades fisiológicas hasta los 3 años.

elegir bien los alimentos

La cena debe prepararse con alimentos bien recibidos por los pequeños, como arroz, pastas y polentas. Estas féculas tienen la ventaja de que sacian, de manera que puede pasar una buena noche sin despertarse, atenazado por el hambre.

trozos pequeños

Es igualmente a esta edad cuando su pequeño *gourmet* se inicia en los trozos. Una vez finalizados los purés bien finos, introdúzcale purés con los ingredientes picados y después aplastados con el tenedor. Sus cenas van a parecerse más a las suyas.

como los mayores

Ahora que puede permanecer sentado y sentir placer masticando su currusco de pan, ¿por qué no invitarlo a la mesa familiar? Integrándolo de forma natural a sus cenas, le enseñará a ver éstas como un momento de placer con la familia, en el que puede probar otros platos de los mayores que no representen ningún peligro (alergias u otros).

el ambiente de la cena es importante

Si su pequeño tiene la costumbre de cenar rápidamente, con la televisión como fondo y la familia yendo y viniendo antes de la cena, su apetito y entusiasmo se resentirán. El placer de comer depende del contenido, pero también de la atmósfera que se respire en dicho momento.

pequeños consejos

Si no puede estar presente en la cena de su hijo, evite que su llegada coincida con la hora de la cena del pequeño: le habrá echado tanto en falta a lo largo de la jornada que dirigirá toda su atención hacia usted, en detrimento de la cena. Déjelo cenar tranquilamente y entre en casa una vez que haya acabado de comer; entonces podrá acariciarlo y mimarlo sabiendo que está bien alimentado. Evite también llevarlo a la cama justo al terminar de cenar. ¿Le gustaría a usted irse a dormir tras un buen plato de *risotto*? Demasiado pesado, ¿verdad? Pase pues una hora con el pequeño mimándolo y preparándolo para dormir. No olvide proponerle su biberón de leche (un mínimo de 500 ml de leche diarios), obligatorio al menos hasta los 2 años.

Recetas para combinar hasta el infinito o casi...

Para ampliar su paleta gustativa, nada mejor que la di-ver-si-dad. Por ello, las recetas de este capítulo se presentan de forma diferente (original, dirán algunos) a las de los libros de cocina habituales, separando el plato principal de la guarnición por toques de recetas al gusto. El bebé descubrirá con placer un picadillo de ternera a la naranja, acompañado según la estación y el humor del cocinero, con un puré de chirivías o guisantes. Las recetas de los platos principales se explican paso a paso, y las propuestas de guarnición aparecen al finalizar el capítulo para facilitar la flexibilidad al máximo.

risotto milanés

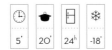

5' 20' 24ʰ -18'

Para 5 raciones de 100 g

2 cucharaditas de escalonia
finamente picada
1 cucharada de aceite de oliva
20 g de arroz de grano redondo
(arborio o bomba)
50 cl de agua
¼ cubito de caldo de verduras
10 cl de parmesano rallado
1 cucharada de crema
acidificada

1. Caliente el aceite de oliva en una cacerola de fondo grueso y dore las escalonias.
2. Añada el arroz, remueva y deje cocer unos minutos hasta que esté un poco traslúcido pero no dorado.
3. Agregue la mitad del agua, el ¼ de cubito de caldo, baje el fuego y deje cocer durante 7 minutos removiendo un poco.
4. Añada el resto del agua y prosiga la cocción hasta que el arroz esté cocido y cremoso, es decir, unos 10 minutos.
5. Incorpore el queso y la crema fuera del fuego y remueva. El *risotto* debe quedar cremoso y untuoso. Si lo encuentra demasiado seco, añada un poco de agua caliente.

mis pequeños trucos ñam ñam

Este *risotto* es tan bueno para los pequeños como para los mayores. Cuando ceno con los niños, le añado simplemente una pizca de sal y lo sirvo con una pechuga de pollo asada al limón.

... al picadillo de tomates y zanahorias

10' 15' 24ʰ -18°

Para 5 raciones de 100 g

1 cucharadita de aceite de oliva
½ diente de ajo picado fino
4 zanahorias
5-6 tomates grandes
unas hojas de albahaca

1. Lave las hortalizas, pele las zanahorias y córtelas en rodajas finas. Cuartee los tomates.
2. Caliente el aceite de oliva en una cacerola de fondo grueso y dore el ajo. Añada las hortalizas, baje el fuego, tape y deje cocer a fuego lento 10-12 minutos. No añada agua, pues el líquido de los tomates basta si el fuego está bajo. Incorpore las hojas de albahaca y prolongue la cocción unos minutos.
3. Retire del fuego y mezcle bien hasta obtener una textura entre picada y reducida a puré, según las preferencias de su bebé.
4. Sirva acompañado del *risotto* milanés (*véase* pág. 88).

mis pequeños trucos ñam ñam

Aunque prefiero servir el *risotto* y el picadillo por separado para apreciar mejor sus sabores, queda excelente mezclado. Para divertir al bebé, vacío un tomate grande maduro y sirvo el arroz dentro: el éxito está garantizado. Es así como Maya ha aprendido a apreciar el tomate fresco, pues le encanta «comerse su plato»...

... a la calabaza y a la salvia

Para 5 raciones de 100 g

*1 rodaja grande de calabaza
castaña (unos 500 g)
3-4 hojas de salvia
1 cucharadita de aceite de oliva*

1. Retire la cáscara y las pepitas de la calabaza y corte la carne en dados pequeños.
2. Forre una placa con papel de aluminio, extienda la calabaza y rocíela con aceite de oliva.
3. Hornee a 200 °C a media altura durante 15 minutos o hasta que la calabaza se ablande y empiece a dorarse.
4. Retírela del horno y aplaste ligeramente los dados con un tenedor. Incorpore la calabaza asada al *risotto* milanés (*véase* pág. 86) con las hojas de salvia cortadas muy finas.

mis pequeños trucos ñam ñam

¿No encuentra calabaza castaña? Utilice la zanahoria antes que la calabaza de san Roque, pues ésta contiene demasiada agua para la receta. En este caso, córtela en dados pequeños y hiérvala 15 minutos. Cuando Maya era un poco mayor, le encantaba este *risotto* mitad zanahorias, mitad maíz y con mucha salvia.

sémola fina a la naranja

5' 5'

Para 1 ración de 100 g

7 cl de zumo de naranja
50 g de sémola fina

1. Vierta en una cacerola el zumo de naranja y lleve a ebullición.
2. Añada la sémola fuera del fuego, remueva bien, tape y deje que se hinche 5 minutos.
3. Destape y airee la sémola con un tenedor antes de servir.

mis pequeños trucos ñam ñam

¿La sémola al natural es demasiado seca para su bebé? ¿Tiene dificultades a la hora de tragarla? Añada 10 cl de zumo de naranja para humedecerla y luego incorpórele 2 cucharadas de puré de zanahorias. Si la sirve así, podrá preparar varias raciones por adelantado y luego congelarlas.

... con un *tajine* de verduras

Para 5 raciones de 100 g

2 calabacines pequeños
(unos 120 g)
4 zanahorias (unos 100 g)
6 tomates grandes (unos 200 g)
4 rodajas de berenjena (unos 50 g)
½ diente de ajo
4 orejones de albaricoques
1 cucharada de tomate
concentrado
2 cucharaditas de aceite de oliva
1 pizca de jengibre molido
1 pizca muy pequeña de comino
1 pizca muy pequeña de cilantro
picado fino

1. Lave las hortalizas y córtelas en dados. Pique el ajo y los orejones de albaricoques.
2. Caliente el aceite en una cacerola de fondo grueso y dore el ajo. Añada las especias y los albaricoques, mezcle y cueza 1 minuto. Incorpore las hortalizas y el tomate concentrado. Vierta 10 cl de agua y lleve a ebullición. Baje el fuego, tape y deje cocer a fuego lento 5 minutos.
3. Retire del fuego y bata hasta obtener una textura fina.

mis pequeños trucos ñam ñam

¿Su bebé no está acostumbrado a las especias? Introdúzcaselas poco a poco. La primera vez que le sirva este *tajine*, sustituya el jengibre por unas gotas de zumo de limón y un toque de comino. Vaya aumentando las cantidades de especias a medida que el bebé se habitúe a ellas.

… con un pisto

10' 15' 24ʰ -18°

Para 5 raciones de 100 g

3 calabacines pequeños (unos 180 g)
6 tomates grandes (unos 200 g)
4 rodajas de berenjena (unos 50 g)
2 cucharaditas de escalonia picada
½ diente de ajo picado
1 cucharada de tomate
concentrado
2 cucharaditas de aceite de oliva
1 pizca muy pequeña
de tomillo seco

1. Lave las hortalizas y córtelas en dados.
2. Caliente el aceite en una cacerola de fondo grueso y dore el ajo y la escalonia. Añada las hortalizas, el tomate concentrado y el tomillo. Vierta 10 cl de agua y lleve a ebullición. Baje el fuego, tape y deje cocer 15 minutos a fuego lento.
3. Retire del fuego y bata hasta obtener una textura granulosa.

mis pequeños trucos ñam ñam

¿Un pequeño lujo para ofrecerse de vez en cuando? Este pisto queda todavía mejor si utilizan tomates cereza en vez de los normales. Empléelos enteros para que suelten su zumo hasta el final y no queden demasiado cocidos.

pasta al Kiri® y a la albahaca

5′   8′

Para 1 ración de 100 g

100 g de pastas pequeñas
(letras o estrellas)
1 cuadrado de queso Kiri®
unas hojas de albahaca

1. Deje cocer la pasta según las instrucciones del paquete con una pizca de sal.
2. Escúrralas y póngalas de nuevo en la cacerola.
3. Añada el queso y las hojas de albahaca cortadas muy finas, remueva y retire del fuego en cuanto el queso se haya derretido.

mis pequeños trucos ñam ñam

Puede optar por pastas integrales o de espelta. Son muy interesantes desde el punto de vista nutricional y su gusto tiene un pequeño toque de avellana muy agradable. Además, son muy ricas en fibra y contribuyen al tránsito intestinal.

... con salsa primavera

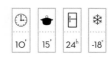

Para 5 raciones de 100 g

2 calabacines pequeños
(unos 120 g)
100 g de judías verdes
100 g de guisantes congelados
100 g de ramitos de brécol
2 cucharaditas
de escalonia picada
2 cucharaditas de aceite de oliva
½ cubito de caldo de verduras
3 cucharadas de crema
acidificada

1. Lave las hortalizas y el brécol, y córtelos en trozos pequeños. Corte los extremos de las judías y divídalas en cuatro.
2. Caliente el aceite en una cacerola de fondo grueso y dore la escalonia. Añada las hortalizas, cubra con agua hasta la mitad, lleve a ebullición y añada ½ cubito de caldo. Baje el fuego, tape y cueza a fuego medio 10 minutos.
3. Escurra dejando un poco del fondo de cocción (unas 3 cucharadas). Ponga de nuevo las hortalizas en la cacerola junto con la crema y recaliente el conjunto.
4. Bata hasta obtener un puré granuloso.

mis pequeños trucos ñam ñam

A menudo utilizo hortalizas congeladas para facilitar la preparación (son de calidad excelente en las cadenas especializadas en congelados). Para que esta salsa no enriquezca demasiado el plato cuando la sirva con las pastas al Kiri®, utilice una crema ligera (15%).

… con una salsa de tomates frescos

5' 20' 24ʰ -18°

Para 5 raciones de 100 g

600 g de tomates (a ser posible,
tomates cherry)
2 cucharaditas de aceite de oliva
½ diente de ajo picado fino

1. Lave los tomates y cuartéelos.
2. Caliente el aceite en una cacerola de fondo grueso y dore el ajo.
3. Añada los tomates, baje el fuego, tape y deje cocer a fuego medio 15-20 minutos, según el tamaño de los tomates.
4. Retire del fuego y bata hasta obtener una textura granulosa.

mis pequeños trucos ñam ñam

Un pecadillo, pero hagamos como si el doctor Lalau Keraly no leyera este truco: si encuentra los tomates demasiado ácidos, añada 1 cucharada de kétchup en la salsa. Sssh…

... con espinacas a la crema

5'   10'   24ʰ   -18°

Para 5 raciones de 100 g

500 g de espinacas congeladas
(a ser posible ecológicas)
2 cucharadas de crema
acidificada
½ cubito de caldo de
verduras

1. Ponga las espinacas congeladas en una cacerola, cúbralas con agua, añada el ½ cubito de caldo, tape y lleve ebullición.
2. Baje el fuego y deje cocer a fuego lento durante 10 minutos.
3. Escurra bien, pues las espinacas contienen mucha agua. Añada la crema y ponga de nuevo sobre el fuego para que la mezcla se caliente.
4. Bata hasta obtener un puré granuloso.

mis pequeños trucos ñam ñam

Esta receta, servida con pasta, es típicamente escandinava y sorprende a veces a los padres. Les aseguro que es deliciosa. El toque ácido de las espinacas y la crema queda maravilloso con cualquier pasta. Cuando ceno con los niños, me preparo un centro de salmón horneado para acompañar este plato.

... con habas, ricota y albahaca

5'   15'   24ʰ   -18°

Para 5 raciones de 100 g

400 g de habas congeladas
½ cubito de caldo de verduras
1 calabacín pequeño
2 cucharadas de ricota
unas hojas de albahaca

1. Lave el calabacín y córtelo en trozos pequeños.
2. Ponga las habas en una cacerola, cúbralas con agua, añada ½ cubito de caldo de verduras, tape y lleve a ebullición. Baje el fuego y deje cocer a fuego medio 10 minutos. Incorpore el calabacín y prosiga la cocción 5 minutos más.
3. Escurra, pero conserve un poco del agua de cocción (unas 3 cucharadas).
4. Fuera del fuego, bata las verduras con el resto de agua, la ricota y las hojas de albahaca.
5. Para esta receta, sirva la pasta sin el queso Kiri®.

mis pequeños trucos ñam ñam

La ricota se encuentra en cualquier supermercado. De no ser el caso, puede sustituirla por requesón.

lentejas verdes con espinacas

Para 5 raciones de 150 g

200 g de lentejas verdes
½ cubito de caldo de verduras
300 g de espinacas congeladas
(a ser posible ecológicas)

1. Lave las lentejas.
2. Póngalas en una cacerola y cúbralas con el doble de su volumen de agua. Tape y deje cocer a fuego medio 30 minutos o hasta que estén tiernas.
3. Mientras, deje cocer las espinacas en agua con el ½ cubito de caldo durante 10 minutos. Escurra.
4. Bata un poco las espinacas.
5. Escurra las lentejas e incorpórelas a las espinacas. Acompañe con arroz basmati o pan untado con queso fresco.

mis pequeños trucos ñam ñam

Para acompañar a mis hijos en la mesa, sirvo estas lentejas a los mayores con un filete de bacalao asado al horno y rociado con un poco de zumo de limón.

crema de calabaza
y boniatos a la vainilla

Para 5 raciones de 200 g

1 rodaja de calabaza (unos 300 g)
3 boniatos grandes naranjas
(no blancos)
70 cl de agua
1 cubito de caldo de verduras
2 cucharadas de crema
acidificada
2 cucharaditas de zumo de limón
1 vaina de vainilla

1. Pele la calabaza y retire las pepitas. Corte la carne en trozos.
2. Lave y pele los boniatos, luego córtelos a dados.
3. Ponga las hortalizas en una cacerola grande, y añada el agua y el caldo de verduras. Abra la vaina de vainilla por la mitad a lo largo y raspe el interior con un cuchillo para retirar los granos.
4. Ponga la vaina en la cacerola y lleve a ebullición.
Tape y deje cocer a fuego medio 20 minutos.
5. Retire del fuego y saque la vaina de vainilla.
6. Añada la crema acidificada y el zumo de limón, y bata a continuación.
7. La sopa debe quedar untuosa. Si todavía está demasiado espesa, añádale un poco de agua. Si está muy líquida, cueza aparte una patata o un boniato, añádalos a la sopa y bata de nuevo.

mis pequeños trucos ñam ñam

Esta sopa es un modo excelente de introducir los champiñones en la alimentación del bebé. Para Maya, picaba unos champiñones, los salteaba en un poco de mantequilla y se los servía enseguida en medio de esta sopa ligeramente dulce, y le encantaban. Ahora, devora con fruición los champiñones crudos.

sopa de brécol al Kiri®

⏰	🍲	🗄	❄
5'	10'	24ʰ	-18'

Para 5 raciones de 200 g

400 g de ramitos de brécol
1 cubito de caldo de verduras
70 cl de agua
2 cucharaditas de escalonia
bien picada
1 cucharadita de aceite de oliva
4 quesitos Kiri®

1. Lave y corte el brécol en trozos.
2. Caliente el aceite en una cacerola de fondo grueso y sofría las escalonias 1 minuto, hasta que estén traslúcidas. Añada el agua, el cubito de caldo y el brécol. Baje el fuego, tape y deje cocer 10 minutos.
3. Retire del fuego, añada los quesitos y bata el conjunto.
4. La sopa debe quedar cremosa. Si es demasiado densa, añádale un poco de agua. Si queda demasiado líquida, cueza aparte unos ramitos de brécol, añádalos a la crema y bata de nuevo.
5. Acompañe con pan fresco si al bebé le gusta.

mis pequeños trucos ñam ñam

En el caso de niños de más de un año, puede especiar esta sopa con una pizca de nuez moscada molida. También puede dejar algunos ramitos de brécol en el centro de la sopa.

crema de maíz y tomates

Para 5 raciones de 200 g

*300 g de granos de maíz
congelados (o enlatados, pero
éstos son más dulces)
6 tomates grandes
70 cl de agua
1 cubito de caldo de verduras
2 cucharadas de crema
acidificada
4 hojas de salvia*

1. Lave los tomates y cuartéelos.
2. Póngalos en una cacerola con los granos de maíz y las hojas de salvia, añada el agua y el caldo de verduras, y lleve a ebullición. Tape y deje cocer a fuego medio 15 minutos.
3. Retire del fuego, añada la crema acidificada y bata.
4. La sopa debe quedar cremosa. Si es demasiado espesa, añada un poco de agua. Si queda muy líquida, incorpore un poco más de maíz directamente a la sopa, prolongue la cocción 5-7 minutos y bata de nuevo.

mis pequeños trucos ñam ñam

En el caso de los bebés más creciditos, deje unos cuantos granos de maíz enteros para que los mastiquen con la sopa.

Chiara, 20 meses, degustadora oficial

Las primeras comidas
y
cenas de mayores
con la familia

a partir de 12 meses cumplidos, como mínimo

DOCTOR JEAN LALAU KERALY

DIRECTOR CLÍNICO DEL
HOSPITAL DE ST-VINCENT DE PAUL

PEDIATRA

ENDOCRINO NUTRICIONISTA

las comidas y las cenas de los mayores

Un año. Su hijo ha crecido a la velocidad del rayo, gracias en parte a los deliciosos platos que tan amorosamente le ha preparado. A los 12 meses, tras semanas de laboriosa introducción de nuevos alimentos, su organismo es capaz de asimilar una alimentación de adulto. La lista de alimentos «prohibidos» disminuye, salvo para los pequeños con problemas de alergias. El bebé ya puede sentarse a la mesa familiar y compartir la comida con sus padres y hermanos, adaptándole, claro está, la textura de los platos.

los primeros dientes

En efecto, a los 12 meses los bebés no son «todos iguales», pues algunos son capaces de consumir trozos más o menos grandes, mientras que otros, por el contrario, todavía se encuentran en el estadio del puré. No se preocupe: cada bebé debe ir a su ritmo. A medida que vayan apareciendo los primeros dientes, el paso a una alimentación «con trozos» se hará con toda naturalidad. Debe adaptarse y hacer que su pequeño siga de forma progresiva una alimentación más rica en texturas.

trozos más grandes

Limitar al bebé a una alimentación demasiado fina es privarlo de la riqueza gustativa que proporcionan los trozos de carne, las hortalizas y las fruta, más consistentes en lo que a gusto se refiere. Manteniéndolo en el estadio «bebé», pondrá trabas a su desarrollo psicomotriz y la relación que haya de tener en el futuro con una alimentación normal. Es inútil hacerlo ir deprisa, pero tenga en cuenta que, pasados los 18 meses, se recomienda pasar a platos con trozos de tamaño apropiado.

sostener la cucharilla

Es en este momento cuando el bebé irá prescindiendo poco a poco de la ayuda de sus padres. Tenga presente que para él no es fácil comer solo un puré, pero, en cambio, disfrutará cogiendo por sí mismo trozos de calabacín y llevándoselos a la boca. La adquisición de esta autonomía es fundamental en este estadio del desarrollo del bebé. Cuanto antes se convierta en independiente, más posibilidades tendrá de llevarlo por el camino de la buena alimentación. No sólo adquirirá una autonomía que le servirá para su desarrollo general, sino que se volverá protagonista de su propia alimentación, convirtiéndose en actor y no en mero espectador. En definitiva, el bebé se hace mayor.

¡cuidado!

Decir que la alimentación del bebé se parecerá de ahora en adelante a la del resto de la familia no quiere decir que se le deba dejar interponerse en las costumbres familiares. Según una encuesta de TNS Sofres, el 50% de los bebés de un año ya han comido patatas fritas. Otra constatación: tras meses de minuciosa vigilancia en favor de la diversificación alimentaria del bebé, los padres tienden a relajarse al cumplir el año y a implicarse menos en los platos de su hijo. Así, las comidas del bebé se convierten en un calco de las de los adultos, es decir, más simples, menos variadas y menos ricas en hortalizas y frutas, pero en cambio con un exceso de sal y proteínas.

una alimentación equilibrada

Evidentemente, no cometerá este error: si el bebé ahora puede comer como usted, es el momento de introducir en la familia las buenas costumbres alimentarias que habrá seguido durante la iniciación al gusto de su pequeño. Resumiendo: muchas hortalizas, fruta, cereales, aromatizantes naturales, algo de proteínas y lo menos posible de grasas y azúcares malos. Esto no quiere decir que tenga que poner toda la familia a régimen. A lo largo del libro podrá constatar que comer bien no implica alimentarse de forma aburrida e insípida. Prepare al bebé recetas bien equilibradas, sin demasiadas proteínas (hasta los 2 años, no más de 40 g de carne o pescados diarios) y con un aporte importante en calcio y hierro. No olvide que, a esta edad, el niño ya no tiene necesidad de una colación entre el desayuno y la comida, pues el picoteo lleva consigo riesgos de sobrepeso infantil, ni de un biberón de leche por la noche. Sus comidas cotidianas se resumen, como las suyas, a un desayuno de leche (250 ml) y cereales si el bebé es un glotón. La comida se articula alrededor de un plato principal con carne, pescado o huevo y hortalizas al gusto, y un postre lácteo o de fruta cruda o cocida. La cena, en su caso vegetariana hasta los 3 años, estaría formada por fécula (arroz, pastas, sémola) y hortalizas, terminando con un postre ligero y un biberón de leche (250 ml).

en este capítulo

Encontrará en este capítulo dedicado a los «pequeños mayores» recetas saladas y dulces basadas en las recomendaciones pediátricas así como también en los condicionales que impone la vida moderna a los padres y los caprichos de los futuros gastrónomos, que empezarán a mostrar sus preferencias culinarias. No se queje: es usted quien le ha iniciado en el gusto. Ahora le toca a él mostrar sus preferencias culinarias. Es concibiendo la alimentación como amiga, fuente de placer y descubrimiento, y no de tensión y obligación, como continuará avanzando por el camino del (buen) gusto.

¡se guisa!

Iniciar al bebé en la gastronomía no es en absoluto llegar a un callejón sin salida con respecto a esos platos salseados que tanto agradaban al niño sentado a la mesa familiar, esperando con impaciencia que el cucharón humeante de la abuela llenara nuestro plato (hondo) desesperadamente vacío. Partiendo de la base de que las recetas «puras y duras» de nuestras abuelas no siempre estaban adaptadas a las necesidades de los pequeños, he introducido ciertos ajustes sin dejar de inspirarme en su incomparable cocina. Encontrará en estas páginas platos cocinados repletos de vitaminas y sabor, concebidos idealmente para los pequeños de 1 año. Entre nosotros: si desea multiplicar las raciones para toda la familia, está autorizada a hacerlo.

pollo con leche de coco y hortalizas

Para 5 raciones de 120 g

1 pechuga de pollo (unos 100 g)
2 zanahorias
1 calabacín
100 g de judías verdes
5-6 ramitos de brécol
1 diente de ajo picado
2 dl de leche de coco en brik
(el enlatado es demasiado
líquido)
1 cucharada de aceite de girasol
el zumo de ½ limón
½ cucharadita de jengibre
molido
3-4 hojas de cilantro fresco
(en tiras)
1 pizca de sal
1 pizca de azúcar de caña

1. Lave las hortalizas. Pele las zanahorias y córtelas, junto a los calabacines, en rodajas. Recorte los extremos de las judías y trocéelas. Pique un poco el brécol y corte la pechuga de pollo en trozos.
2. Caliente el aceite de girasol en una cacerola de fondo grueso y dore los trozos de pollo.
3. Añada el ajo y las especias, y prosiga la cocción 1 minuto, sin dejar dorar demasiado.
4. Incorpore las hortalizas, la leche de coco, el zumo de limón, la sal, el azúcar y 1 dl de agua. Tape y deje cocer a fuego lento 15 minutos.
5. Añada fuera del fuego las hojas de cilantro y mezcle un poco.

Acompañamiento

Sirva el pollo al coco con arroz basmati. Para una ración, deje hervir 1 dl de agua en una cacerola. Vierta ½ del de arroz basmati, tape y deje cocer a fuego lento 15 minutos o hasta que el agua se haya absorbido por completo.

mis pequeños trucos ñam ñam

¿La leche de coco no le acaba de gustar? Sustitúyala por crema acidificada. En dicho caso, suprima el zumo de limón, pues la crema aporta la nota ácida que precisa esta receta.

tajine de pollo con pasas

10' 25' 24ʰ -18°

Para 5 raciones de 120 g

1 muslo de pollo (unos 220 g)

5 zanahorias

2 calabacines

2 tomates

1 cebolla picada fina

1 cucharada de uvas pasas

(a ser posible claras)

1 diente de ajo finamente picado

2 dl de zumo de naranja puro

1 cucharada de aceite de oliva

½ cucharadita de jengibre molido

½ cucharadita de cuatro especias

1 pizca de sal

1. Lave las hortalizas, pele las zanahorias, corte las zanahorias y los calabacines en rodajas y cuartee los tomates.

2. Caliente el aceite de oliva en una cacerola de fondo grueso y dore el muslo de pollo por el lado de la piel. Añada la cebolla, el ajo y las especias, y prosiga la cocción 1 minuto sin dorar demasiado.

3. Incorpore las hortalizas, la mitad de las pasas, el zumo de naranja y 1 dl de agua. Tape y deje cocer a fuego lento 15 minutos. Agregue el resto de las pasas y prosiga la cocción 10 minutos más.

4. Retire del fuego y saque el muslo de pollo. Deshuéselo, pélelo, añádalo a la cacerola y pique un poco hasta obtener una textura granulada.

Acompañamiento

Sirva este *tajine* acompañado de sémola fina.

mis pequeños trucos ñam ñam

Para los niños mayores, prepare este *tajine* con contramuslos de pollo, ideales para comer con los dedos.

tajine de cordero con albaricoques

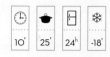

Para 5 raciones de 120 g

100 g de paletilla o pierna de
cordero
4 zanahorias
2 calabacines
4 tomates grandes
10 orejones de albaricoques
1 diente de ajo picado
1 cucharada de aceite de oliva
½ cucharadita de jengibre molido
½ cucharadita de cuatro especias
1 pizca de sal

1. Lave las hortalizas y pele las zanahorias. Corte estas últimas y los calabacines en rodajas, y cuartee los tomates. Desgrase y corte el cordero en trozos.
2. Caliente el aceite de oliva en una cacerola de fondo grueso. Deje dorar los trozos de cordero de manera uniforme. Añada el ajo y las especiass y prosiga la cocción 1 minuto, sin dorar demasiado.
3. Incorpore las hortalizas, la mitad de los orejones y cubra con agua hasta la mitad. Agregue el resto de los albaricoques y prosiga la cocción 10 minutos.
4. Retire del fuego y bata hasta obtener una textura granulosa.

Acompañamiento
Sirva este *tajine* acompañado de sémola fina, al natural o a la naranja.

mis pequeños trucos ñam ñam
Para papá y mamá este *tajine* necesita un poco de ayuda. Alégrelo con una pizca de guindilla roja o pimienta de Cayena. Incorpórele almendras peladas al finalizar la cocción y espolvoree la sémola con un poco de canela.

albóndigas de carne a la italiana

20' 25' 24ʰ -18°

Para 5 raciones de 120 g

Para las albóndigas

100 g de buey picado
½ cebolla finamente picada
1 patata cocida y aplastada
1 pizca de sal
1 vuelta de molinillo de pimienta

Para la salsa de tomate

1 cucharadita de ajo
picado
2 cucharaditas de aceite de oliva
6 tomates grandes
1 cucharadita de tomate
concentrado
4 hojas de albahaca en tiras

1. Mezcle el buey picado con las cebollas, la patata aplastada y la sal. Forme albondiguillas (unas 15) y déjelas reposar 10-15 minutos a temperatura ambiente.
2. Lave los tomates y cuartéelos.
3. Caliente la mitad del aceite de oliva en una cacerola de fondo grueso. Dore el ajo sin que se oscurezca e incorpore enseguida los tomates, el tomate concentrado y la albahaca. Tape y deje cocer 10 minutos.
4. Caliente el resto del aceite de oliva en una sartén y coloque las albóndigas con cuidado. Dórelas de manera uniforme hasta que queden firmes (no debe verse carne roja).
5. Retire la salsa de tomate del fuego y bátala. Añada las albóndigas a la salsa y deje cocer a fuego muy lento durante 10 minutos, hasta que las albóndigas estén bien cocidas.

Acompañamiento
Sirva las albóndigas con pasta de letras y espolvoree con parmesano rallado.

mis pequeños trucos ñam ñam
Es cierto que preparar las albóndigas una misma resulta a veces demasiado largo y laborioso. De hecho, yo utilizo a menudo albóndigas de carne congeladas: no hay nada más simple que dejarlas cocer en la salsa de tomate durante 10 minutos para preparar este sabroso plato.

buey a la borgoñona especial para bebés

Para 5 raciones de 120 g

100 g de carne de buey para guisar
½ cebolla picada
4 zanahorias
2 calabacines
4 tomates grandes
2 lonchas de beicon
o jamón serrano
1 cucharadita de tomate
concentrado
1 cucharadita de tomillo seco
1 hoja de laurel
1 vuelta de molinillo de pimienta

1. Lave las hortalizas y pele las zanahorias. Corte estas últimas y los calabacines a rodajas, y cuartee los tomates. Corte la carne de buey en trocitos.
2. Caliente el aceite de oliva en una cacerola de fondo grueso y dore la carne de manera uniforme. Incorpore las cebollas y el beicon o el jamón y prosiga la cocción 1 minuto, sin dorar demasiado.
3. Agregue las hortalizas, el tomate concentrado, el tomillo y la pimienta, y cubra hasta la mitad con agua. Tape y deje cocer a fuego lento 25 minutos.
4. Saque del fuego y retire la hoja de laurel. Pique un poco hasta obtener una textura granulada.

Acompañamiento

Sirva el buey a la borgoñona acompañado de un puré de patatas a la antigua.

mis pequeños trucos ñam ñam

Para alegría de Maya, suelo servir este plato acompañado de castañas caramelizadas. Son muy fáciles de preparar. Compre castañas envasadas al vacío, derrita una nuez de mantequilla en una sartén y dore las castañas con un poco de azúcar de caña (o blanco); deles la vuelta hasta que el azúcar haya caramelizado y las castañas estén calientes.

comidas rápidas para días con poco tiempo

En nuestra vida trepidante de padres superactivos, no siempre es posible pasar media hora en la cocina pelando, guisando, braseando y preparando recetas innovadoras y rebuscadas. Entre ir a comprar, ir a buscar al mayor a la escuela y llevarlo a veces al pediatra, la organización de la agenda pasa por la planificación. Asumiendo la necesidad de administrar esta falta de tiempo, he imaginado un puñado de «recetas rápidas» listas en un santiamén, pero a la vez deliciosas y nutritivas. Es inútil culpabilizarse: tiene a su alcance ser una vez más el padre ideal en cualquier ocasión.

Atún a la nizarda y sémola fina al tomillo

2′   5′

Para 1 ración

20 g de atún al natural enlatado
100 g de pisto (que habrá
congelado previsoramente la
última vez que lo preparó para
el bebé, o que habrá comprado
ya preparado en su cadena de
congelados preferida)
½ dl de sémola fina
½ cucharadita de tomillo seco
1 pizca de sal

1. Caliente el pisto en una cacerola.
2. Escurra el atún y aplástelo con un tenedor.
3. Mezcle el atún y el pisto, baje el fuego y deje cocer 5 minutos.
4. Mientras, lleve ½ dl de agua a ebullición. Incorpore el tomillo y la sémola fina. Tape y deje que se hinche durante 5 minutos.
5. Airee la sémola con un tenedor y sírvala acompañada del atún a la nizarda.

mis pequeños trucos ñam ñam

Este plato también puede prepararse con salsa de tomate, que evidentemente hay que preparar con antelación.

pasta con jamón dulce y guisantes

2'   7'

Para 1 ración

1 dl de pasta de letras
2 cucharadas de crema
acidificada
½ dl de guisantes
1 loncha de jamón en dulce
1 cucharada de escalonia
bien picada
1 nuez de mantequilla pequeña

1. Deje cocer la pasta siguiendo las instrucciones del paquete.
2. Hierva el agua en una cacerola y deje cocer los guisantes 5 minutos. Escúrralos y póngalos de nuevo en el recipiente.
3. Coloque la cacerola sobre el fuego y añada la nuez de mantequilla, las escalonias y el jamón cortado en trozos pequeños. Deje cocer de 1 a 2 minutos removiendo a menudo.
4. Incorpore la crema acidificada y lleve a ebullición; retire del fuego a continuación.
5. Escurra las pastas. Sírvalas cubiertas con la salsa de jamón y guisantes.

mis pequeños trucos ñam ñam

Para poder preparar recetas como ésta más rápidamente, guardo siempre en el congelador varias escalonias picadas (así como ajo y cebollas…). De esta forma no tendrá necesidad ni de una tabla para cortar, y podrá preparar en un momento esta pasta tan sencilla como deliciosa.

pollo con brécol y arroz basmati

5' 10'

Para 1 ración

*20 g de pechuga de pollo cortada
en trocitos
1 cucharadita de
escalonia picada
1 cucharada de aceite de oliva
50 g de ramitos de brécol
2 cucharadas de crema
acidificada
1 cucharadita de parmesano
rallado
½ del de arroz basmati*

1. Ponga a hervir 1 dl de agua en una cacerola con el arroz basmati y una pizca de sal. Tape, baje el fuego y deje cocer 10 minutos o hasta que el agua se haya absorbido por completo.
2. Caliente el aceite en una cacerola de fondo grueso, añada las escalonias y déjelas cocer 1 minuto.
3. Incorpore los trozos de pollo y dórelos de manera uniforme. Vierta 1 dl de agua y añada los ramitos de brécol. Prosiga la cocción 7 minutos sin tapar.
4. Vierta la crema y el parmesano, y deje cocer 2-3 minutos a fuego lento. Sirva con el arroz.

mis pequeños trucos ñam ñam

Este plato puede prepararse con toda clase de carnes blancas: pollo, pavo, ternera e incluso jamón dulce. Hágalo, en definitiva, con lo que tenga a mano. Sin embargo, no sustituya el parmesano por otro queso más blando, pues el pollo con brécol necesita de la nota un poco salada de este queso.

comparto mesa con papá y mamá

Ha llegado el momento tan esperado por los padres cocineros, aquél en el que el bebé podrá comer con el resto de la familia. Con un año ya está listo para dar el paso. Ahora ya podrá terminar de dividir su cerebro en dos —o tres—, anticipando lo que serán los menús diarios del bebé, el hermanito pequeño, la hermana mayor y papá. Encontrará, pues, a lo largo de estas páginas recetas tanto para los pequeños como para los mayores. La diferencia reside en la textura de los alimentos una vez finalizada su elaboración: podrá servir a los mayores la receta tal cual, y preparará a medida los alimentos para el bebé, cortados si le gusta comerlos troceados, picados si los prefiere más finos. Pero con estas recetas, compartir es de rigor. Todos disfrutan juntos alrededor de la mesa familiar del delicioso plato cocinado por papá o mamá. Para el bebé, formar parte de este ritual es un momento precioso en su aprendizaje alimentario. ¡Disfruten de una buena comida en familia!

escalope de pavo con jamón, puré de boniatos y guisantes

10'   15'   24ʰ   -18°

Para 2 raciones de adultos y 1 para el bebé

2 escalopes de pavo
2 lonchas de jamón serrano
y ½ para el bebé
2 boniatos amarillos grandes
2 dl de guisantes
1 nuez de mantequilla

1. Lave y pele los boniatos. Córtelos en dados.
2. Póngalos en una cacerola, cúbralos con agua y deje cocer durante 15 minutos.
3. Corte para el bebé una tira de un escalope. Enrolle los escalopes con el jamón y la tira en la ½ loncha para el bebé.
4. Ponga los escalopes de pavo en una placa para el horno forrada con papel de aluminio. Hornee los de papá y mamá a 200 °C durante 10 minutos, e incorpore el del bebé y hornee otros 5-7 minutos.
5. Ponga los guisantes en un cazo, cúbralos con agua y cuézalos a fuego medio 5 minutos.
6. Escurra los boniatos. Aplástelos con el tenedor con la nuez de mantequilla hasta obtener un puré cremoso.
7. Retire los escalopes de pavo del horno y pique el del bebé. Acompañe con el puré de boniatos y los guisantes (picados para el bebé si todavía no sabe masticarlos).

mis pequeños trucos ñam ñam

Deje asar los boniatos al horno: el sabor de este delicioso tubérculo quedará aún más pronunciado. Coloque los dados de boniatos sobre una placa para el horno con los escalopes de pavo, aplástelos con un tenedor para el bebé y agregue un hilo de aceite de oliva y de flor de sal para papá y mamá.

papillote de bacalao a la naranja

5' 20' 24ʰ -18°

Para 2 raciones de adultos y 1 ración para el bebé

Los papillotes se preparan al instante

2 filetes grandes de bacalao y uno pequeño (20 g) para el bebé
1 naranja
6 tomates cereza
5 hojas de cilantro
500 g de ramitos de brécol

1. Ponga cada filete de bacalao sobre un cuadrado grande de papel de aluminio. Asegúrese de que no quede absolutamente ninguna espina en la parte del bebé.
2. Lave los tomates cereza y la naranja, y corte 5 rodajas finas en el centro de esta última.
3. Coloque 2 rodajas de naranja y 4 tomates cherry sobre los filetes de los mayores, y 1 rodaja y 2 tomates cherry sobre el del bebé. Exprima por encima el resto de la naranja. Corte las hojas de cilantro y añádalas a los papillotes antes de cerrarlos con cuidado. Introduzca los papillotes de papá y mamá en el horno a 180 °C durante 20 minutos. A media cocción, agregue el del bebé.
4. Sáquelos del horno. Sírvalos abiertos para papá y mamá. Para el bebé, retire el papel de aluminio y sirva el pescado acompañado del puré de brécol.

mis pequeños trucos ñam ñam

Si desea un plato más consistente, puede servirlo acompañado de un puré de patatas a la antigua. Para dos adultos y un bebé, lave y pele 5 patatas (unos 300 g), córtelas en trozos y déjelas cocer 15 minutos. Escúrralas y aplástelas con el tenedor en un poco de leche, una nuez de mantequilla y una punta de nuez moscada molida. Yo prefiero preparar el puré al momento, pero también se puede hacer con antelación y congelarlo.

salmón horneado con habas al limón y la albahaca

5'   15'

Para 2 raciones de adultos y 1 para el bebé

*2 lomos de salmón y un trozo
pequeño de 20 g para el bebé
200 g de habas congeladas
(tienen la ventaja de
estar desgranadas y peladas)
el zumo de 1 limón
6 hojas de albahaca a tiras
1 pizca de sal*

1. Precaliente el horno a 200 °C. Coloque los lomos de salmón para papá y mamá sobre una placa de horno forrada con papel de aluminio. Espolvoree con unos granos de sal y hornee durante 15 minutos. A media cocción añada el trozo del bebé.
2. Caliente agua en una cacerola y sumerja las habas. Déjelas cocer a fuego medio 7-10 minutos. Retírelas del fuego y escúrralas. Añada el zumo de limón y las hojas de albahaca cortadas.
3. Retire los lomos de salmón del horno, déjelos enfriar y sírvalos acompañados de las habas al limón y la albahaca (píquelas para el bebé si es preciso).

mis pequeños trucos ñam ñam

Este plato puede acompañarse de un puré de zanahorias. Para ello, lave y pele 5 zanahorias y córtelas en rodajas. Déjelas cocer 15 minutos en agua. Píquelas o aplástelas con un tenedor, sazonadas con una nuez de mantequilla y una pizca de sal.

parmentier de dos pescados y hortalizas a la nuez moscada

10'   20'

Para 2 raciones de adultos y 1 para el bebé

200 g de filete de salmón
150 g de filete de caballa
150 g de guisantes
100 g de judías verdes
1 dl de crema acidificada
2 cucharaditas de zumo de limón
4 hojas de albahaca
5 patatas (tipo monalisa)
2 cucharadas de leche
1 nuez de mantequilla
1 pizca de sal
1 pizca de nuez moscada molida

1. Lave y pele las patatas, y córtelas en trozos. Póngalas en una cacerola, cúbralas con agua y lleve a ebullición. Déjelas cocer durante 15 minutos.
2. Corte los extremos de las judías. Ponga estas últimas con los guisantes en una cacerola, cubra con agua, lleve a ebullición y deje cocer 3-4 minutos. Escurra y pique un poco con un cuchillo.
3. Corte los filetes de pescado en trozos después de comprobar que no quede ninguna espina.
4. Coloque en el fondo de una fuente refractaria de paredes altas los trozos de pescado y cubra con las verduras escurridas. Reparta por encima la crema acidificada mezclada con el zumo de limón y las hojas de albahaca en tiras.
5. Escurra las patatas y aplástelas con la nuez de mantequilla, la leche, la sal y la nuez moscada. Tape el puré y hornee en el centro del horno durante 20 minutos.
6. En el momento de servirle al bebé, aplaste los trozos de pescado si el bebé todavía no tiene la costumbre de comer trozos grandes.

mis pequeños trucos ñam ñam

Esta receta puede variarse casi hasta el infinito sustituyendo el bacalao por otros pescados blancos de carne firme, como el rape, el emperador o el pez espada. También puede cambiar las hortalizas. Pruebe este *parmentier* con ramitos de brécol o coliflor, rodajas finas de zanahoria y, por qué no, con hinojo.

¡como solo, como una persona mayor!

Nos encontramos de lleno en esa fase que todos los padres acaban conociendo que es la «neofobia». Tranquilícese, no es ninguna enfermedad: se trata simplemente de una fase del todo normal en que su pequeño detesta todo cuando antes adoraba. Es también la fase en que el bebé quiere «hacer todo solo, como una persona mayor», y comer no es ninguna excepción. Así pues, he ideado unas originales galletas que contienen, bien disimuladas, una buena dosis de legumbres y cereales, ideales para cuando el pequeño llore ante el puré de brécol que tanto le gustaba. Es, además, una buena manera de dejar que adquiera su autonomía mordisqueando él solito sus galletas. Con el tiempo, las legumbres se convertirán en su plato preferido. ¿Se apuesta algo?

pastelitos de zanahoria, calabacín y lentejas

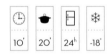

10'   20'   24ʰ   -18°

Para 5 raciones de 200 g

*La salsa puede prepararse
al instante*

Para los pastelitos

2 zanahorias grandes (unos 500 g)
2 calabacines (unos 200 g)
3 dl de lentejas rojas
10 cl de zumo de naranja
½ cubito de caldo de verduras
1 cucharadita de comino molido
1 cucharadita de aceite de oliva

Para la salsa (1 ración)
1 yogur natural
4 hojas de cilantro fresco

1. Lave y pele las zanahorias, y luego córtelas en rodajas.
2. Póngalas en una cacerola con el zumo de naranja, el comino y el ½ cubito de caldo, y cubra el conjunto con agua. Lleve a ebullición y deje cocer 5 minutos.
3. Añada las lentejas y prosiga la cocción 10 minutos.
4. Mientras, lave los calabacines y rállelos con el robot o un rallador.
5. Al finalizar la cocción, añada los calabacines. Escurra y pique un poco.
6. Forme 6 pastelillos pequeños de unos 50 g cada uno (3 cm de diámetro y 1 de grosor). Déjelos reposar unos minutos sobre papel absorbente para que no estén demasiado húmedos.
7. Caliente el aceite de oliva en una sartén antiadherente y dore los pastelitos de 3 a 5 minutos por lado. Déjelos escurrir y enfriar sobre papel absorbente.
8. Corte a tiras las hojas de cilantro y mézclelas con el yogur.
9. Sirva los pastelitos (unos 4 por ración) acompañados de la salsa al yogur, presentados en un vasito o cuenco pequeño. Deje que el bebé coma los pastelitos con los dedos sumergiéndolos en la salsa.

mis pequeños trucos ñam ñam

También puede preparar estos pastelitos para los mayores. Para una cena simpática, sírvalos con una pechuga asada al horno y espolvoreada con comino, pimentón y *curry*, y rociada con aceite de oliva y zumo de limón. Agregue una pizca de pimienta de Cayena en la salsa del yogur y obtendrá una cena de lo más sabrosa.

pastelitos de maíz, zanahorias y queso

10'   20'   24ʰ   -18°

Para 5 raciones de 200 g
(20 pastelitos)

*El puré de aguacate se
prepara al momento*

Para los pastelitos

2 zanahorias grandes (unos 400 g)
200 g de maíz en grano
2 dl de emmental rallado
½ cubito de caldo de verduras
½ cucharadita de pimentón
1 cucharadita de aceite de oliva

Para el puré de aguacate

½ aguacate bien maduro
unas gotas de zumo de limón

1. Lave y pele las zanahorias, y córtelas en rodajas.
2. Póngalas en una cacerola con el ½ cubito de caldo y cubra
apenas con agua. Lleve a ebullición y deje cocer 10 minutos.
Incorpore el maíz y prosiga la cocción de 5 a 7 minutos.
3. Mientras, ralle el queso.
4. Escurra las hortalizas. Añádales el queso y el pimentón,
y mezcle hasta que el queso empiece a derretirse.
Pique un poco hasta obtener un puré granuloso.
5. Forme pastelitos de unos 50 g cada uno (3 cm de diámetro
y 1 cm de grosor). Déjelos reposar unos minutos sobre
papel de cocina para que no estén demasiado húmedos.
6. Caliente el aceite de oliva en una sartén antiadherente
y dore los pastelitos de 3 a 5 minutos por lado.
Escúrralos sobre papel de cocina y déjelos entibiar.
7. Ponga la carne de ½ aguacate en un cuenco con el zumo de
limón. Aplaste con un tenedor hasta obtener un puré bien fino.
8. Sirva los pastelitos (unos 4 por ración) acompañados
del puré de aguacate. Deje que el bebé se los coma
con los dedos mojándolos en la salsa.

mis pequeños trucos ñam ñam

Estos pastelitos quedan perfectos para el aperitivo de las escasas
«cenas entre amigos» de papá y mamá. Cuézalos un poco más
para que queden
más crujientes y
acompañe con un
verdadero guacamole.
Para ello, mezcle la
carne de 2 aguacates con
una bolsita de especias
para guacamole, y
un yogur al *curry* y
al cilantro. Moje sin
moderación.

pastelitos de brécol, habas y parmesano

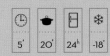

5' · 20' · 24ʰ · -18'

Para 5 raciones de 200 g (es decir, 20 pastelitos)

Para los pastelitos

400 g de brécol

400 g de habas congeladas y peladas

1 dl de parmesano rallado

½ cubito de caldo de verduras

4 hojas de albahaca

1 cucharadita de aceite de oliva

Para la salsa de tomate

600 g de tomates (a ser posible tomates cherry)

2 cucharaditas de aceite de oliva

½ diente de ajo picado

1. Lave los tomates y cuartéelos.
2. Caliente el aceite de oliva en una cacerola de fondo grueso y dore el ajo. Añada los tomates, baje el fuego, tape y deje cocer a fuego medio 15-20 minutos. Retire del fuego y mezcle hasta obtener una textura granulosa.
3. Lave el brécol y sepárelo en ramitos.
4. Ponga en una cacerola el brécol, las habas y el ½ cubito de caldo, y cubra apenas con agua. Lleve a ebullición y deje cocer 10 minutos. Escurra.
5. Mezcle las hortalizas escurridas, el parmesano y las hojas de albahaca hasta que el queso empiece a derretirse. Bata hasta obtener un puré bien fino (es importante batir bien, pues el almidón de las habas permitirá que los pastelitos se compacten).
6. Forme pastelitos de unos 50 g cada uno (3 cm de diámetro y 1 cm de grosor). Déjelos secar unos minutos sobre papel de cocina.
7. Caliente el aceite de oliva en una sartén antiadherente y dore los pastelitos de 3 a 5 minutos por lado. Déjelos escurrir y enfriar sobre papel de cocina.
8. Sirva los pastelitos (unos 4 por ración) acompañados de la salsa de tomate. Deje que el bebé los coma con los dedos sumergiéndolos en la salsa.

mis pequeños trucos

ñam ñam

Las habas se congelan muy bien. Una vez desgranadas y peladas, póngalas en una bolsa para congelar y no tendrá más que sumergirlas en agua salada hirviendo cuando las necesite. Para una comida familiar, sirva estos pastelitos acompañados de unos escalopes de ternera justo soasados con aceite de oliva y zumo de limón, y acompañados con la salsa de tomate.

pastelitos de hortalizas

| 10' | 20' | 24ʰ | -18° |

Para 5 raciones de 200 g (es decir, 20 pastelitos)

Para los pastelitos

1 aguaturma
1 chirivía
1 rodaja de apio nabo de 100 g
2 patatas
½ cubito de caldo de verduras
1 cucharadita de aceite de oliva

Para el *coulis* de tomate y manzana

6 tomates grandes (unos 300 g)
5 patatas dulces tipo golden
(unos 350 g)

1. Corte los tomates y las manzanas en trozos, y póngalos en una cacerola. Lleve a ebullición, tape y deje cocer a fuego lento 15 minutos.
2. Lave las hortalizas y las patatas; pélelas y córtelas en trozos.
3. Ponga las hortalizas en una cacerola y el ½ cubito de caldo, y cubra apenas con agua. Lleve a ebullición y cueza durante 15 minutos. Escurra las hortalizas y mezcle un poco hasta obtener una textura granulosa. Forme pastelitos pequeños de unos 50 g (3 cm de diámetro y 1 cm de grosor). Déjelos reposar unos minutos sobre papel de cocina para que no estén tan húmedos.
4. Retire los tomates y las patatas, y aplaste hasta obtener un puré cremoso.
5. Caliente el aceite de oliva en una sartén antiadherente y dore los pastelitos de 3 a 5 minutos por lado. Déjelos escurrir y enfriar sobre papel de cocina.
6. Sirva los pastelitos (unos 4 por persona) acompañados del *coulis*, presentado en una salsera. Deje que el bebé los coma con los dedos, remojándolos en el *coulis*.

mis pequeños trucos ñam ñam

Estos pastelitos y el *coulis* son excelentes para acompañar un filete de bacalao, un lomo de pez espada o un medallón de rape. Ase el pescado en el horno con un chorrito de aceite de oliva y unos granos de flor de sal. Sirva cubierto con el *coulis* y acompañe con los pastelitos.

tiras de polenta con tomates y pimientos rojos confitados al horno

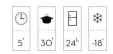

5' 30' 24ʰ -18'

Para 5 raciones
(100 g de tomates y
pimientos confitados
en el horno
y 1 ración de polenta)

La polenta se prepara al momento

**Para la polenta
(1 ración de 120 g)**
50 g de polenta
10 cl de leche
20 g de parmesano

**Para los tomates y pimientos
rojos confitados al horno
(5 raciones de unos 100 g)**
5 tomates en rama
o 20 tomates cherry
2 pimientos rojos
1 cucharada de aceite de oliva

1. Precaliente el horno a 150 °C. Lave los tomates y los pimientos. Abra estos últimos y retire las semillas. Corte los pimientos en tiras y cuartee los tomates. Póngalo todo sobre una placa de horno forrada con papel de aluminio, rocíe con aceite de oliva y deje confitar en el centro del horno durante 30 minutos.
2. Retire las hortalizas del horno y déjelas entibiar. Bátalas o píquelas un poco según las preferencias del bebé.
3. Ponga a hervir la leche en una cacerola. Incorpore fuera del fuego la polenta y el parmesano sin dejar de remover hasta obtener un puré cremoso. Vierta la polenta en una fuente formando un cuadrado de 1 cm de grosor. Deje enfriar y luego corte la polenta en tiras.
4. Sirva las tiritas de polenta con los tomates y pimientos confitados. Congele el resto de las hortalizas confitadas en pequeñas bolsas herméticas.

mis pequeños trucos ñam ñam

Siempre pongo un poco de tomates y pimientos confitados para los mayores, y también los sirvo tras una comida para acompañar la tabla de quesos. Durante su temporada, no dude en agregar algunos albaricoques a los tomates y pimientos que vaya a confitar: quedan simplemente deliciosos y casan muy bien, tanto con el queso como con una carne blanca o incluso un lomo de salmón a la parrilla.

la pasta, sin duda el plato favorito de los niños

¡Ay la pasta, objeto de amor de grandes y pequeños! ¿Piensa quizás que este libro de recetas para bebé, defensor del buen comer y enemigo de la mala glotonería la dejaría de lado? Pues no. Voy a confesarles un secreto: la pasta es una fuente increíble de beneficios y forma parte de una buena alimentación. El truco consiste en no abusar de ella y saberla preparar: ¿qué hay más beneficioso para la salud que una salsa casera de tomate y albahaca? Añada a todo ello que este plato es ideal en el caso de una cena rápida y el hecho de que a los pequeños les encanta comérselo solos. Convénzase, pues, y prepárelo para esta misma noche.

tortellini con ricota y verduras

5′   10′

Para 1 ración de 230 g

Se preparan al momento

100 g de minitortellini
¼ de calabacín
40 g de guisantes congelados
20 g de judías verdes cortadas en trocitos
1 cucharadita de escalonia picada
1 cucharadita de aceite de oliva
1 cucharadita de albahaca en tiras
2 cucharadas de ricota

1. Lave el calabacín, córtelo en tiras finas y luego en cuartos.
2. Caliente el agua en una cacerola de fondo grueso y sumerja los trozos de calabacín, los guisantes y las judías. Deje cocer 5-7 minutos y luego escurra.
3. Caliente el aceite de oliva en la misma cacerola y añada las escalonias. Deje cocer 1 minuto e incorpore las verduras. Prosiga la cocción unos minutos.
4. Fuera del fuego, añada la albahaca y la ricota, recaliente y reserve.
5. Deje cocer los *tortellini* y mézclelos con las verduras y la ricota. Sirva tibio en el plato preferido del bebé.

mis pequeños trucos ñam ñam

¿Tiene ganas de variar? Transforme este plato en una deliciosa lasaña (opte por láminas de lasaña frescas). Coloque una capa de láminas en el fondo de una fuente refractaria, luego las verduras a la ricota y luego otra capa de hojas de lasaña y así hasta terminar los ingredientes. Finalice con una última capa de láminas. Cubra con una mezcla de ricota y parmesano, y hornee a 180 °C durante 25 minutos.

lacitos con brécol y parmesano

5'   10'

Para 1 ración de 230 g

Se preparan al instante

60 g de lacitos
100 g de ramitos de brécol
1 cucharadita de escalonia
picada
1 cucharada de aceite de oliva
2 cucharadas de parmesano

1. Lave los ramitos de brécol y córtelos en trocitos. Ponga a hervir agua en una cacerola de fondo grueso, sumerja el brécol y déjelo cocer de 5 a 7 minutos; luego escúrralo.
2. Caliente el aceite de oliva en la misma cacerola y añada la escalonia. Cueza 1 minuto y agregue el brécol. Prosiga la cocción unos minutos. Retire del fuego y añada el parmesano, recaliente y reserve. Sirva con el tenedor preferido del bebé.

mis pequeños trucos ñam ñam

Esta receta es fácil y se prepara con casi cualquier verdura. Para darle un toque extra, añada 1 cucharadita de cáscara de limón rallada, 1 cucharada de zumo de limón y unas hojas de salvia. Todo para impresionar a la suegra que se presenta de improvisto el domingo por la noche.

rotelle con tomates cherry y mozzarella

5' 10'

Para 1 ración de 230 g

Se preparan al instante

60 g de rotelle
6 tomates cherry
½ bola de mozzarella cortada
en dados
1 cucharada de aceite de oliva
1 cucharadita de ajo picado
3-4 hojas de albahaca cortadas
muy finas

1. Lave los tomates cherry y córtelos por la mitad.
2. Caliente el aceite de oliva en una cacerola de fondo grueso y añada el ajo picado. Deje cocer 1 minuto, incorpore los tomates cherry y prosiga la cocción 5 minutos a fuego medio. Agregue, fuera del fuego, la mozzarella, ponga de nuevo sobre el fuego y deje cocer hasta que el queso empiece a derretirse.
3. Cueza la pasta según las instrucciones del paquete.
4. Escúrrala, mézclela con los tomates cherry a la mozzarella y esparza por encima las tiras de albahaca. ¡Quien encuentre el principio del hilo que forma la mozzarella habrá ganado!

mis pequeños trucos ñam ñam

¿La cena del bebé ha hecho salivar a su querido y tierno compañero? Ase unas lonchas de jamón serrano en el horno (5 minutos a 250 °C). Sírvale la pasta con tomates cherry y mozzarella con las lonchas de jamón asadas y troceadas por encima. ¡Toda una delicia!

fusilli con hortalizas y albahaca

5'   10'

Para 1 ración de 230 g

Se preparan al instante

60 g de fusilli
3 tomates cherry
3 cm de calabacín
¼ de pimiento rojo
1 cucharada de aceite de oliva
1 cucharadita de ajo picado
3-4 hojas de albahaca a tiras finas

1. Lave las hortalizas. Corte por la mitad los tomates cherry, el calabacín en rodajas y luego en cuartos y el pimiento en trozos pequeños.
2. Caliente el aceite de oliva en una cacerola de fondo grueso y añada el ajo picado. Deje cocer 1 minuto e incorpore las hortalizas y la albahaca. Prosiga la cocción 10 minutos a fuego medio.
3. Cueza la pasta según las instrucciones del paquete. Escúrrala y mézclela con las hortalizas. Deguste cerrando los ojos y soñando con una cálida noche de pleno verano…

mis pequeños trucos ñam ñam

Pique unas aceitunas verdes deshuesadas y corte algunas rodajas de chorizo fuerte. Mezcle con la preparación anterior y obtendrá una cena magnífica para papá y mamá.

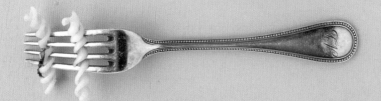

penne rigate con tirabeques y pesto

5' 10'

Para 1 ración de 230 g

Se preparan al momento

60 g de plumas
100 g de tirabeques troceados
1 cucharada de aceite de oliva
¼ de diente de ajo
5-6 hojas de albahaca
1 cucharada de piñones
1 cucharada de parmesano
rallado

1. Ponga en un robot o en el recipiente de la batidora el aceite de oliva, el ajo, la albahaca, los piñones y el parmesano, y bata hasta obtener un puré homogéneo.
2. Ponga a hervir agua en una cacerola y deje cocer los tirabeques de 7 a 10 minutos.
3. Cueza la pasta según las instrucciones del paquete.
4. Escúrrala y mézclela con los tirabeques y el pesto. Es un plato que mi hija encuentra muy divertido, ya que las plumas están hechas a medida de sus deditos.

mis pequeños trucos ñam ñam

Para los mayores, acompañe el plato con parmesano rallado y piñones, que previamente habrá dorado en una sartén antiadherente.

Una pequeña vuelta al mundo

Su bebé se ha convertido gracias a sus platos en un fino *gourmet* en busca de placeres gustativos más intensos. Es curioso y se abre cada vez más al mundo que le rodea. ¿Y si fuera el momento de abrirle al mundo de los sabores propios y extraños? ¿De hacerle descubrir a los demás a través de las papillas gustativas? Se pueden realizar recetas para bebés inspiradas en las tradiciones culinarias extranjeras, perfectamente adaptadas a las necesidades de los pequeños y a las recomendaciones pediátricas. El despertar del gusto no puede restringirse, sino que debe dirigirse hacia la diversidad: el bebé se enriquecerá y usted también. Así pues, embárquese inmediatamente en un viaje gastronómico repleto de escalas.

dhal de lentejas rojas con leche de coco y *bulgur* al cilantro

10'	20'	24ʰ	-18°

Para 5 raciones de 200 g

Se conservan por separado

Para el *dhal* de lentejas rojas

3 dl de lentejas rojas
5 tomates
4 zanahorias
25 cl de leche de coco
½ cucharadita de aceite de girasol
1 cucharada de tomate concentrado
½ cubito de caldo de verduras
1 cucharadita de cúrcuma
½ cucharadita de comino
½ cucharadita de jengibre molido

Para el *bulgur* al cilantro
200 g de bulgur (trigo fragmentado)
5 hojas de cilantro picadas

1. Lave las zanahorias y los tomates. Pele las zanahorias y córtelas en rodajas finas. Corte los tomates en trocitos.
2. Ponga las lentejas en una cacerola, cúbralas con agua y lleve a ebullición. Déjelas cocer a fuego medio 10 minutos y escúrralas.
3. Vierta el *bulgur* y 40 cl de agua en una cacerola y deje hervir. Baje el fuego y cueza 10 minutos, o hasta que el agua se haya absorbido por completo. Retire del fuego y deje reposar.
4. Caliente el aceite de girasol en una sartén y añada el ajo. Deje que se dore 1 minuto, incorpore las zanahorias y los tomates, espolvoree con las especias, añada el tomate concentrado y mezcle bien. Vierta la leche de coco, baje el fuego y deje cocer 10 minutos sin tapar.
5. Bata hasta obtener un puré granuloso. Añada las lentejas y mezcle bien.
6. Sirva el *dhal* de lentejas con el *bulgur* espolvoreado con el cilantro.

mis pequeños trucos ñam ñam

¿*Dhal* para los mayores? Añada 1 pizca de pimienta de Cayena, y sirva con pollo *tandoori* asado.

MADE IN INDIA

paella de verduras

Para 5 raciones de 200 g

1 zanahoria
1 pimiento rojo
1 pimiento verde
50 g de judías verdes
50 g de guisantes
100 g de granos de maíz
2 dl de arroz basmati
1 cucharadita de escalonia
picada
1 g de azafrán
½ cucharadita de pimentón
1 cucharadita de aceite de oliva
1 pizca de sal

1. Lave las verduras. Pele las zanahorias y píquelas finamente. Retire las semillas de los pimientos y píquelos también. Corte las judías en trozos pequeños.
2. Caliente el aceite de oliva en una cacerola de fondo grueso, añada las escalonias, las especias, la sal y el arroz. Deje cocer de 1 a 2 minutos, hasta que el arroz quede traslúcido.
3. Añada las verduras picadas, los guisantes y el maíz. Vierta 40 cl de agua, tape y deje cocer a fuego lento 15 minutos, o hasta que toda el agua se haya absorbido.
4. Sirva la paella de verduras, si lo desea, acompañada de una salsa fría al yogur: mezcle simplemente un yogur natural con un poco de comino y una cucharadita de kétchup.

mis pequeños trucos ñam ñam

Puede transformar esta paella de verduras en una verdadera paella para usted y su compañero. Complete la lista de especias con 1 pizca de pimienta de Cayena. Añada al principio de la cocción unos trocitos de pollo previamente dorados en una sartén, unas gambas, calamares o mejillones. Acompañe con vino blanco ¿El azafrán es demasiado caro? Sustitúyalo por 1 cucharadita de cúrcuma.

salteado de verduras y fideos *soba*

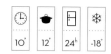

Para 5 raciones de 200 g

Se conservan por separado

150 g de judías verdes
150 g de guisantes
150 g de ramitos de brécol
50 g de hojas de acelgas o de
espinacas frescas
200 g de fideos soba *troceados*
1 cucharada de aceite de girasol
½ cucharadita de ajo picado
1 cucharada de miel líquida
1 cucharada de salsa de soja
1 cucharada de zumo de limón
4-5 hojas de cilantro

1. Lave las verduras y córtelas en trozos pequeños.
2. Ponga a hervir agua en una cacerola, sumerja los fideos, los guisantes, las judías verdes y los ramitos de brécol de 3 a 4 minutos o hasta que los fideos estén cocidos *al dente*. Escúrralos y resérvelos.
3. Caliente el aceite de girasol en una sartén y añada el ajo. Dórelo 1 minuto e incorpore los fideos y las verduras. Deje cocer removiendo a menudo durante 5 minutos.
4. Vierta la miel, la salsa de soja y el zumo de limón, así como las hojas de acelga y espinacas, y prosiga la cocción 2 minutos más. Sirva tibio en el plato preferido del bebé.

mis pequeños trucos ñam ñam

Para papá y mamá, añada 200 g de *carpaccio* de buey y una pizca de pimienta de Cayena a este salteado y obtendrá una cena tan sabrosa como equilibrada.

curry suave de hortalizas y arroz tailandés

Para 5 raciones de 200g

Se conservan por separado

1 boniato grande
2 zanahorias
1 trozo de 150 g de calabaza
½ pimiento amarillo
25 cl de leche de coco
½ cucharadita de ajo
1 cucharadita de aceite de girasol
½ cucharadita de jengibre molido
1 cucharadita de zumo de lima
1 cucharadita de azúcar moreno
1 pizca de sal
2 dl de arroz tailandés

1. Lave las hortalizas, pélelas y córtelas en trocitos. Ponga a hervir agua en una cacerola y cueza las hortalizas 5 minutos. Escúrralas y resérvelas.
2. Caliente el aceite en una cacerola de fondo grueso y añada el ajo. Déjelo dorar 1 minuto, incorpore las hortalizas, la leche de coco, el zumo de lima, el azúcar moreno y las especias. Tape y deje cocer 10 minutos a fuego lento.
3. Mientras, cueza el arroz siguiendo las instrucciones del paquete.
4. Sirva el *curry* de hortalizas con el arroz tailandés.

mis pequeños trucos ñam ñam

Puede cambiar las hortalizas de esta receta por otras. Para papá y mamá, añada una pizca de chile y un poco de jengibre fresco rallado.

Chiara, 20 meses

Vera, 16 meses

los postres de los mayores

para niños de 1 a 99 años

Los muesli-crumbles

Crujen al morderlos, se derriten por dentro: además de su saludable aporte de cereales y frutas frescas repletas de vitaminas, fibras y minerales, constituyen por sí mismos una verdadera fuente de sensaciones gustativas para los pequeños, además de placer. Puesto que estas «meriendas de mayores» pueden comerse solas, el bebé toma los trozos de *crumble* crujientes y se los lleva a la boca con los deditos. Los preparo en moldes desechables: de papel para poder recalentarlos en el microondas o de aluminio para degustarlos fríos. ¿Quiere darse un pequeño lujo? Añada una bola de helado de vainilla como acompañamiento y vigile que nadie se la robe.

muesli-crumble de plátano y mango

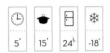

| 5' | 15' | 24ʰ | -18' |

Para 6 o 12 piezas

12 moldes grandes de papel para madalenas o 6 de aluminio
12 rodajas de mango congelado (pelado)
2 plátanos
3 dl de muesli de pasas
25 g de mantequilla
1 cucharadita de miel líquida

1. Pele los plátanos y córtelos en rodajas.
2. Coloque las rodajas de mango congeladas en el fondo de los moldes y añada por encima las rodajas de plátano.
3. Mezcle el muesli con la mantequilla, desmigue sobre las frutas y vierta unas gotas de miel líquida.
4. Hornee en el centro del horno a 210 °C durante 15 minutos. Vigile que los *crumbles* no se oscurezcan demasiado pronto y tápelos, si fuese necesario, con papel de aluminio al finalizar la cocción.
5. Retire los *crumbles* del horno y déjelos enfriar. Sírvalos tibios o envuélvalos una vez fríos en una bolsa para congelar, y consérvelos en el congelador.

mis pequeños trucos ñam ñam
Este original *crumble* se prepara también con piña o lichis en vez de mango.

muesli-crumble de ciruelas y chocolate

Para 6 o 12 piezas

*12 moldes gandes de papel para
madalenas o 6 de aluminio
14-15 ciruelas mirabel
3 dl de muesli crujiente con
pepitas de chocolate
1 cucharadita de azúcar
25 g de mantequilla
1 cucharadita de miel líquida*

1. Lave y deshuese las ciruelas y luego cuartéelas.
2. Ponga las ciruelas en el fondo de los moldes y esparza azúcar por encima.
3. Cubra las frutas con el muesli y reparta por encima pequeños trocitos de mantequilla y de 1 a 2 gotas de miel líquida.
4. Hornee en el centro del horno a 210 °C durante 15 minutos. Vigile que los *crumbles* no se doren demasiado y cúbralos si fuese necesario con papel de aluminio al finalizar la cocción.
5. Retire los *crumbles* del horno y déjelos enfriar.
Sírvalos tibios o póngalos, una vez fríos, en una bolsa para congelar, y póngala en el congelador.

mis pequeños trucos ñam ñam

Si no encuentra muesli con pepitas de chocolate, no es grave. Si de todas formas quiere que lleven, tomen, simplemente unas pastillas de su chocolate preferido, píquelas y añádalo al muesli.

muesli-crumble de frambuesas y menta

5'	15'	24ʰ	-18°

Para 6 o 12 piezas

*12 moldes de papel para
madalenas o 6 de aluminio
500 g de frambuesas
6 hojas de menta fresca
3 dl de muesli con frutos secos
1 cucharadita de azúcar
25 g de manequilla
1 cucharadita de miel líquida*

1. Ponga las frambuesas en el fondo de los moldes y espolvoréelas con azúcar. Corte las hojas de menta en tiras finas y repártalas sobre las frambuesas.
2. Cubra las frutas con el muesli y corone el conjunto con trocitos de mantequilla y una o dos gotas de miel líquida.
3. Hornee a media altura a 210 °C durante 15 minutos. Vigile que los *crumbles* no se doren demasiado y cúbralos si fuese necesario con papel de aluminio al finalizar la cocción.
4. Retire los *crumbles* del horno y déjelos enfriar. Sírvalos tibios o póngalos ya fríos en una bolsa para congelar y guárdelos en el congelador.

mis pequeños trucos ñam ñam

Puede preparar esta receta con fresas o arándanos. Para un postre rápido sin cocción, ponga en un vasito el *crumble* con las frutas en el fondo; luego, queso blanco, seguido de la miel y, por último, el muesli crujiente. Rápido, bonito y delicioso.

broquetas de melón y melocotón

5'

Para 2 broquetas

2 rodajas de melón amarillo
(unos 100 g)
1 melocotón amarillo

1. Pele y retire las pepitas del melón y corte la carne en dados pequeños.
2. Lave y deshuese los melocotones y córtelos en trozos pequeños.
3. Alterne los dados de melón y melocotón en broquetas de madera.
4. Antes de servirle al bebé, corte el extremo puntiagudo de la broqueta con unas tijeras.

broquetas de fresas y frambuesas

5'

Para 2 broquetas

10 fresas
10 frambuesas grandes

1. Lave las fresas, retire los pedúnculos y córtelas por la mitad.
2. Compruebe que las frambuesas están bien limpias.
3. Alterne en unas broquetas de madera las fresas con las frambuesas.
4. Antes de servirle al bebé, corte el extremo puntiagudo de la broqueta con unas tijeras.

broquetas de mango y plátano

5'

Para 2 broquetas

½ mango
1 plátano

1. Corte el mango por la mitad. Cubra la otra mitad con una película de plástico y refrigérela. Con ayuda de un cuchillo, cuadricule la carne del mango sin traspasar la piel. Ahueque el fondo del mango del lado de la piel hacia el lado de la carne, luego pase un cuchillo para separar la carne de la piel.
2. Pele el plátano y córtelo en rodajas.
3. Alterne en unas broquetas de madera cubos y rodajas. Corte el extremo puntiagudo de la broqueta.

broquetas de uvas y clementinas

5'

Para 2 broquetas

10 uvas blancas sin pepitas
1 clementina

1. Lave las uvas y córtelas por la mitad si son muy grandes.
2. Pele la clementina y retire al máximo los hilos blancos.
3. Alterne en unas broquetas de madera las uvas blancas y los gajos de clementina, y luego corte el extremo puntiagudo de la broqueta con unas tijeras.

pastel de limón y yogur

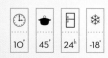

10' 45' 24ʰ -18'

Para un pastel

1 yogur natural
200 g de azúcar
2 huevos
3 dl de harina con levadura
incorporada
50 g de mantequilla derretida
1 pizca de sal
1 sobre de azúcar avainillado
el zumo de 1 limón

1. Precaliente el horno a 180 °C.
2. Mezcle el yogur con el azúcar y el azúcar avainillado.
3. Rompa los huevos e incorpórelos al yogur batiendo con fuerza.
4. Agregue la mantequilla y la sal, mezcle y vierta poco a poco la harina removiendo hasta obtener una pasta bien fina. Por último, añada el zumo de limón.
5. Vierta la mezcla en un molde de silicona o uno clásico engrasado con mantequilla. Hornee durante 45 minutos.
6. Compruebe que el pastel está cocido clavando un palillo o un cuchillo fino en el centro: si sale seco, el pastel está listo. Déjelo reposar unos minutos antes de desmoldarlo. Sírvalo tibio con broquetas de frutas.

mis pequeños trucos ñam ñam

Varíe este pastel sustituyendo el zumo de limón por 3 cucharadas de chocolate en polvo, el zumo de ½ naranja o 1 dl de frambuesas congeladas.

las minimadalenas de Maya

Para 20 minimadalenas

20 moldes pequeños de papel
para madalenas
4 huevos
250 g de azúcar
3 dl de harina
1 sobre de levadura en polvo
6 cucharadas de agua
1 sobre de azúcar avainillado

1. Precaliente el horno a 175 °C.
2. Rompa los huevos en un cuenco y agregue el azúcar y el azúcar avainillado. Bata con fuerza.
3. Añada el agua y continúe batiendo. Vierta la levadura y luego la harina poco a poco, removiendo a fondo.
4. Coloque los moldes sobre una placa y llénelos con la masa hasta la mitad. Hornee en el centro del horno durante 15 minutos.
5. Compruebe que las madalenas están cocidas insertando un palillo o un cuchillo en el centro: si sale seco, las madalenas están listas.
6. Retírelas del horno y déjelas enfriar sobre una rejilla antes de servirlas acompañadas de broquetas de frutas.

mis pequeños trucos ñam ñam

Puede variar esta receta añadiendo ½ dl de almendras molidas a la masa de las minimadalenas. Quedan muy buenas, pero sólo son aconsejables para los bebés de más de 1 año y sin antecedentes alérgicos en la familia.

galletas con copos de avena

Para 16-20 galletas

3 dl de copos de avena
100 g de mantequilla
150 g de azúcar moreno
1,5 dl de uvas pasas
5 cucharadas de agua
2 dl de harina

1. Derrita la mantequilla.
2. Ponga en un cuenco los copos de avena y luego vierta la mantequilla derretida por encima. Mezcle bien.
3. Añada el azúcar y las pasas e incorpore la harina poco a poco. Añada el agua y mezcle hasta obtener una pasta firme.
4. Forme pequeñas bolas con la misma y colóquelas a una distancia de 5 cm unas de otras sobre una placa forrada con papel sulfurizado. Aplástelas un poco y hornee en el centro del horno 10 minutos.
5. Retire las galletas del horno y déjelas enfriar sobre una rejilla antes de servirlas acompañadas de broquetas de frutas.

mis pequeños trucos ñam ñam

¿Le apetece pecar? Sustituya las pasas por pepitas de chocolate. Pero no diga nada al doctor Lalau Keraly…

jugar al escondite con la fruta

Puesto que no hay mayor satisfacción que ver cómo un niño pequeño disfruta delante de su plato, he ideado todas estas recetas para mis hijos y sus amigos. Todo el interés en el dulzor de la fruta reside evidentemente en su lado lúdico. Evidentemente estos «escondites» tienen muchos componentes beneficiosos en vitaminas, minerales y fibras. Pero en esta fase de exploración en que el bebé se divierte con los objetos de su entorno, el hecho de que su plato se convierta en una especie de juego del escondite es un placer inigualable para él. Y, si además puede juguetear con ellos con sus manitas de gastrónomo aventajado, dará un gran paso en el aprendizaje de su autonomía. Tal como se le digo.

receta básica

5' 3' 24ʰ -18°

Para 1 ración

Se conservan varias horas en una bolsa de plástico

2 rebanadas de pan integral o de cereales para tostar
1 nuez de mantequilla
1 de las 4 guarniciones de la página siguiente

1. Unte las rebanadas de pan con mantequilla por un lado.
2. Coloque la guarnición de frutas (*véanse* recetas, pág. 164) sobre el lado untado y cubra con otra rebanada, con el lado untado contra las frutas.
3. Ponga el bocadillo en una sandwichera, cierre y téngalo unos 3 minutos.
4. Retire del aparato y deje enfriar antes de cortar por la mitad en diagonal.
5. Deje que el bebé coma solo, como si fuese mayor, tanto en casa como en un pícnic o de viaje… La merienda más práctica de todas.

Utensilio indispensable

Encontrará sandwicheras en las grandes superficies y en los establecimientos especializados por entre 20 y 50 euros.

mis pequeños trucos ñam ñam

En caso de ir de pícnic, déje enfriar por completo los bocadillos antes de envolverlos en papel de aluminio. No los corte por la mitad para que la fruta no se salga.

relleno de manzana y plátano

5' 3'

24ʰ -18°

½ manzana
½ plátano

1. Lave la manzana, córtela por la mitad y retire las semillas. Rállela y apriete la pulpa entre las manos para que pierda un poco de zumo, el cual humedecería los bocadillos.
2. Pele el plátano y córtelo en rodajas.
3. Ponga la manzana rallada con las rodajas de plátano sobre una rebanada de pan untada con mantequilla. Cubra con la otra rebanada y tuéstelo en la sandwichera.

relleno de mango y lichi

5' 3'

24ʰ -18°

4 rodajas de mango
3 lichis deshuesados

1. Ponga los lichis sobre papel absorbente unos minutos para que liberen parte de su zumo y no mojen demasiado el pan.
2. Coloque las rodajas de mango y los lichis sobre una rebanada de pan untada con mantequilla. Cubra con la otra y tuéstelo según la receta básica.

relleno de pera y vainilla

½ pera
1 vaina de vainilla

1. Corte la pera por la mitad y retire las pepitas. Conserve una mitad sobre papel alimentario en la nevera. Corte la otra mitad en lonchas finas.
2. Abra la vaina de vainilla a lo largo. Con ayuda de un cuchillo, raspe los granos.
3. Coloque las rodajas de pera y los granos de vainilla sobre una rebanada de pan untada con mantequilla. Cubra con la otra rebanada y tueste según la receta básica.

relleno de higo y miel

1 higo muy maduro
1 cucharadita de miel

1. Corte el higo por la mitad y extraiga toda la carne roja. Tire la piel.
2. Extienda la carne sobre una rebanada de pan untada con mantequilla. Cubra con la otra y tueste según la receta básica.

El primer cumpleaños

¡Aappfffuuu! Entre una nube de cintas, el bebé sopla su primera velita. Con sus primeros dientes, sus primeras palabras y sus primeros pasos, es sin duda un momento maravilloso. Que el bebé haya cumplido los 12 meses de vida no significa que deba conformarse con su habitual compota de manzana y plátano. A un año, usted tiene la posibilidad de obsequiarlo con un verdadero regalo de cumpleaños, un pecadillo, un poco de comida basura, ya que de vez en cuando es bueno que la familia peque. He aquí mi selección preferida de pasteles de cumpleaños para «los bebés gastrónomos mayores». Fueron la alegría de las meriendas de cumpleaños de mi hija, de mis sobrinos y sobrinas…, así como de sus padres respectivos. ¡Cuidado con mancharse!

pastel de cumpleaños de la abuela

10'   45'

Para 1 pastel
(8-10 porciones)

*Tiempo de montaje 10 minutos
Se prepara al momento*

Para el bizcocho

*4 huevos
250 g de azúcar
3 dl de harina
1 sobre de levadura en polvo
1 sobre de azúcar vainillado
6 cucharadas de agua*

Para el relleno

*40 cl de crema de leche espesa
500 g de frambuesas frescas
6 cucharadas de confitura de
frambuesas o fresas
1 sobre de azúcar avainillado
2 vainas de vainilla
y una vela bien bonita*

1. Precaliente el horno a 175 °C. Casque los huevos en un cuenco y agregue ambos azúcares. Bata a fondo, añada el agua y continúe batiendo. Vierta la levadura y luego la harina poco a poco sin dejar de remover.
2. Vierta la masa en un molde redondo (a ser posible de silicona). Hornee en el centro del horno 45 minutos. Compruebe que el bizcocho está cocido pinchándolo hasta el centro con un palillo o un cuchillo fino: si sale limpio, el bizcocho ya está cocido. Retírelo del horno, déjelo enfriar en el molde y después sobre una rejilla.
3. Abra las vainas de vainilla a lo largo. Con ayuda de un cuchillo, raspe el interior para extraer los granos.
4. Vierta la crema de leche, el azúcar avainillado y los granos de vainilla en un cuenco. Bata con fuerza (mejor con una batidora eléctrica) hasta montar la crema en chantilly. Una vez que esté bien firme, déjelo refrigerar 30 minutos.
5. Cuando el bizcocho esté frío, córtelo en tres pisos en el sentido del grosor de manera que haya tres discos de 1 cm de grosor cada uno.
6. Tome el disco superior, todavía un poco abombado, dele la vuelta y póngalo sobre una placa o una fuente grande, con el lado cocido hacia abajo. Extienda por encima 3 cucharadas de confitura, luego una capa de chantilly a la vainilla y después ⅓ de las frambuesas frescas. Coloque encima un segundo disco de bizcocho y repita la operación anterior. Termine con el tercer disco.
7. Recubra por completo el pastel con la crema chantilly y decórelo con frambuesas frescas y la vela. Déjelo reposar una hora antes de servir.

bombones de frutos secos y chocolate

15' 5'

Para 20 bombones

100 g de chocolate con leche
10 g de orejones de albaricoques
1 dl de uvas pasas
4 ciruelas pasas
20 moldes pequeños de papel de
unos 2 cm

1. Coloque los moldes sobre una fuente.
2. Pique los frutos secos.
3. Ponga el chocolate en un cazo metálico y coloque éste sobre una cacerola con agua. Lleve el agua a ebullición y deje derretir el chocolate removiendo suavemente de vez en cuando.
4. Una vez que el chocolate se haya derretido, añada los frutos secos. Mezcle bien para que todos los frutos queden bien recubiertos de chocolate.
5. Con ayuda de dos cucharillas, ponga un poco de frutos secos al chocolate en cada molde.
6. Introduzca rápidamente en la nevera y deje reposar 2 horas. Sirva.

mis pequeños trucos ñam ñam

Estos bombones son tan fáciles de preparar que los hago a menudo en su versión adulta incorporando avellanas picadas y un buen chocolate negro. A veces, tras una buena comida y con el café, son mucho más interesantes desde el punto de vista nutritivo que una simple trufa al chocolate.

piruletas de frutas frescas al caramelo

10' 5'

Para 20 piruletas

20 broquetas de madera
20 fresas
3 manzanas ácidas (royal gala, pink lady)
250 g de azúcar
15 cl de agua

1. Lave y retire el pedúnculo a las fresas. Lave las manzanas, retíreles las pepitas y córtelas en dados pequeños. Ensarte sobre las broquetas una fresa y dos dados de manzana. Corte enseguida el extremo puntiagudo de las broquetas con unas tijeras.
2. Saque ahora a los niños de la cocina, ya que va a preparar el caramelo y está muy, pero que muy caliente. Vierta el azúcar y el agua fría en un cazo. Lleve a ebullición sin remover. Cuando el azúcar empiece a colorearse, remueva con cuidado. Cuando el caramelo adquiera un color dorado, retire el cazo del fuego y sumerja el fondo en un baño de agua fría para detener el proceso de caramelización.
3. Sumerja las piruletas de frutas una a una en el caramelo sin tardar demasiado (el caramelo se solidifica rápidamente). Póngalas sobre una fuente forrada con papel sulfurizado para que se enfríen y endurezcan.
4. Una vez frías, colóquelas en un vaso o una copa lo bastante estable y deje que los niños disfruten de estas piruletas crujientes y afrutadas.

mis pequeños trucos ñam ñam

Puede preparar las piruletas con toda clase de frutas firmes y un poco ácidas. Olvídese del plátano, pero pruebe con el melón, la nectarina o el albaricoque.

brazo de gitano de frambuesas

Para un brazo de
10 raciones

3 huevos
200 g de azúcar
2 dl de harina
2 cucharaditas de levadura en
polvo
5 cl de leche
500 g de frambuesas aplastadas

1. Precaliente el horno a 200 °C.
2. Casque los huevos en un cuenco y añada el azúcar. Bata con fuerza, a ser posible con una batidora eléctrica, hasta que la preparación esté bien aireada.
3. Mientras mezcla, añada la levadura y la harina. Vierta la leche y bata con suavidad hasta obtener una pasta fina y homogénea.
4. Vierta la pasta en un molde cuadrado para el horno (30 x 40 cm aproximadamente) recubierto de papel sulfurizado. Deje cocer en el centro del horno 8 minutos.
5. Retire el bizcocho del horno y colóquelo sobre papel sulfurizado colocado sobre la superficie de trabajo. Extienda las frambuesas aplastadas y enrolle empezando por el extremo corto hasta obtener un rollo.
6. Coloque éste en la nevera con el punto de unión hacia abajo y déjelo reposar 1 hora.
7. Córtelo en raciones de 2 cm y sirva.

mis pequeños trucos ñam ñam

¿No tiene frutas en la nevera? Puede sustituir las frambuesas por una compota de manzanas y plátanos, mangos y lichis, o cualquier compota espesa.

Preguntas más habituales
y lista de alimentos

DOCTOR JEAN LALAU KERALY

DIRECTOR CLÍNICO DEL
HOSPITAL DE ST-VINCENT DE PAUL

PEDIATRA

ENDOCRINO NUTRICIONISTA

la fruta

Tengo la costumbre de pelar todas las frutas. ¿Es bueno para mi bebé?

No olvidemos que las vitaminas y los minerales presentes en la fruta se encuentran concentrados bajo la piel. Pelarlas con un cuchillo, cortando buena parte de la carne, es privarse del 25% de sus beneficios. Opte por productos biológicos o sin tratamiento una vez recolectados, pues los pesticidas resisten bajo la piel. En cualquier caso, no olvide lavar la fruta a fondo antes de consumirla. Y si la piel no le seduce, pele frutas y hortalizas raspándolas con un cuchillo muy afilado para retirar una fina película de piel.

Algunas compotas son crudas. ¿Le convienen a mi bebé?

Debe evitarse la fruta cruda al principio de la diversificación pues son menos fáciles de digerir que cocida. Pero en cuanto el bebé esté acostumbrado a la alimentación (hacia los 5-6 meses), dele fruta cruda bien madura, ya que está repleta de beneficios nutricionales y sensoriales. Deje en su manita rodajas de melocotón o melón para que las chupe y muerda a voluntad: es un paso de gigante en el aprendizaje del placer de comer.

¿Darle fruta por la noche es verdaderamente una buena idea?

Sin duda esta pregunta hace alusión al hecho de que está desaconsejado dar a los niños glucosa por la noche al tratarse de un excitante poco compatible con el sueño. Sepa que el azúcar de la fruta (la fructosa) no tiene los mismos inconvenientes que se encuentran en los dulces.

De hecho, es incluso un estimulante de la digestión, perfecto para ir a dormir.

¿Poner miel en vez de azúcar blanco en el yogur del bebé es mejor para él?

Sí. En principio porque la miel tiene mayor poder endulzante que el azúcar blanco y, además, es menos calórica. Resumiendo: no sólo se utiliza menos miel para azucarar un yogur, sino que a cantidades iguales, la cantidad de calorías es menor. Además, posee virtudes bien conocidas, en especial su acción bactericida e inmunitaria. Por ello, es ideal para reforzar la resistencia de los pequeños organismos contra las agresiones externas, sobre todo en invierno.

¿Batir las frutas frescas con lácteos dificulta que el bebé las digiera?

Creo que hace referencia a la idea de que la leche y la fruta cruda son pesadas de digerir. No se preocupe: puede utilizar la leche adaptada a su niño. Además, la fruta fresca batida es perfectamente digerible por un pequeño a partir de los 6 meses.

¿La compota de albaricoques puede dar retortijones al bebé?

El albaricoque es ligeramente ácido, pero, si se compra maduro, no hay razón alguna para que tenga miedo. El albaricoque es una de las primeras frutas que se introducen en la alimentación infantil, justamente porque es muy dulce. Su acidez estimula las secreciones gástricas, lo que facilita la digestión. Y sus fibras dulces son bien toleradas por los todavía frágiles intestinos del bebé.

¿Cuál es el interés nutricional del orejón de albaricoque seco para mi bebé?

Los albaricoques secos, como todas las frutas secas, poseen una concentración de fibras, oligoelementos y ácidos grasos. Contienen cinco veces más glúcidos que la fruta fresca, lo que los convierte en generadores de energía. Además, son ricos en betacaroteno, potasio y hierro, y poseen propiedades antioxidantes y antianémicas.

¿Las frutas exóticas son alérgenas?

¡Vivan las frutas exóticas! Contrariamente a lo que se ha dicho durante muchos años, estudios recientes han demostrado que no revisten mayor riesgo de alergia que otras frutas. Además, tienen la ventaja de estar presentes en las tiendas en invierno cuando la fruta de esta temporada escasea. Además de su aporte vitamínico interesante, a veces incluso superior al de las frutas tradicionales, permiten mezclar sabores dulces y salados, lo que las hace ideales para iniciar a los pequeños en recetas desconocidas.

¿Una compota de mango y plátano no es demasiado exótica para un bebé?

Exótica sí, pero ¿bajo qué punto de vista? Para un niño caribeño, una compota de manzanas y peras sería también algo exótico. El mango y el plátano son unas excelentes frutas de diversificación y no son más alérgenas que las frutas clásicas. La piña, por el contrario, no debe proponerse al pequeño como primera compota. No por el riesgo alérgico, sino por razones de textura.

¿Las cerezas son aptas para un bebé pequeño?

Las cerezas no son bayas, sino un fruto procedente de un árbol, el cerezo. Este detalle debe calmar a las mamás para quienes las bayas todavía tienen mala prensa. Pero le recuerdo que estudios recientes han revelado que las bayas de este color no tienen más poder alérgeno que las frutas clásicas.

Soy alérgica a las frambuesas: ¿debo evitar dárselas a mi bebé?

Se confunde a menudo alergia a un alimento con intolerancia. Muy pocas personas son alérgicas a un alimento, cuyo consumo conlleva a los 30 minutos una severa reacción, como dificultades respiratorias, hinchazón y vómitos. Se puede ser intolerante en un momento de la vida a un alimento, y no tener luego ningún problema con el mismo. Lo inverso es también verdadero. Las frambuesas liberan la histamina que todos tenemos en el cuerpo. Algunos alimentos, solos o combinados en una comida, pueden provocar una subida de histamina, responsable de las placas rojas, por ejemplo. Pero no se trata en ningún caso de una alergia confirmada. Introduzca simplemente este alimento poco a poco: si observa que el bebé lo asimila bien, no hay razón alguna para privarle de él.

¿Son alérgenos los arándanos?

Los arándanos son una baya y como tal tienen la mala reputación de ser alérgicos. Salvo en caso de predisposición, el consumo de bayas no es más alérgeno que el de las frutas clásicas para los bebés. Así pues, puede darle arándanos sin temor. Sencillamente, introdúzcaselos poco a poco.

He oído decir que las fresas son difíciles de limpiar. ¿Puedo dárselas al bebé?

Efectivamente, la piel de la fresa lleva unos pequeños granos que atrapan las impurezas, por lo que es difícil limpiarlas bien. Por esta razón se desaconsejan a las mujeres embarazadas no inmunizadas contra la toxoplasmosis. Pero no se preocupe: la receta que incluyo utiliza fresas cocidas, por lo que no hay riesgo de intoxicación para el bebé.

las hortalizas

¿Hay que pelar siempre las hortalizas para el bebé?

Es posible pelarlas, pero conviene recordar una cosa: la mayor parte de las vitaminas presentes en las hortalizas están concentradas en la piel y justo bajo ésta. Así, pelarlas es privarse de gran parte de sus propiedades, lo que sin duda es una pena. Si a su bebé no le gusta la piel, puede batir la preparación un poco, o bien raspar las hortalizas con un cuchillo bien afilado para no retirar más que la piel superflua y perder el mínimo de vitaminas posibles.

¿Es mejor cocer las hortalizas al vapor?

Opte siempre por hervir la verdura en una cacerola con un poco de agua. No sólo esta forma de preparación es más rápida que la cocción al vapor o en caldo, sino que permite incorporar el agua de cocción restante al puré. ¿Qué interés tiene? Las vitaminas que se han disuelto en el agua de cocción se encontrarán en el puré. De ese modo, el bebé disfrutará de un plato repleto de vitaminas, minerales y oligoelementos.

He oído decir que algunas hortalizas contienen nitratos. ¿Es cierto?

Sí y no. Las hortalizas con alto contenido en nitratos son las verduras de «hojas», como la endibia, las espinacas o los canónigos. Las que poseen menos son los tomates, los champiñones, los guisantes. Las judías verdes están entre ambos grupos. Por regla general, para preparar purés elija siempre las hortalizas de temporada, a menudo menos ricas en nitratos.

Sin embargo, los nitratos por sí mismos no son peligrosos para la salud: son los nitritos (nitratos transformados) lo que sí lo son. Pero es casi imposible contaminarse con hortalizas «nitratadas». Por el contrario, el peligro reside en un puré de hortalizas que ha pasado más de 24 horas en la nevera, tiempo en el que los nitratos han tenido el tiempo de mutar. Para los bebés menores de 12 meses, las hortalizas deben consumirse inmediatamente o congelarse una vez enfriadas.

En los potitos clásicos, siempre hay mucha patata. ¿Pueden gustarle al bebé los purés «puros»?

Aquí se apunta un tema importante: la incorporación sistemática de patatas en los purés infantiles industriales. Si bien la patata es deliciosa en forma de puré con un toque de mantequilla, no hay que olvidar que es una fécula, y por ello tiene menos vitaminas y un contenido elevado de glúcidos. Añadamos a todo ello que su sabor neutro no enriquece en absoluto la paleta gustativa de los pequeños. Si los fabricantes la emplean en altas dosis es por una parte para atenuar el sabor de algunas hortalizas sabrosas y, sobre todo, porque son más económicas que las verdaderas hortalizas. Proponer a su bebé un puré «puro» es, pues, por el contrario, bueno para su organismo y su educación gustativa.

¿Qué ventajas tiene la chirivía?

En efecto, pocas personas conocen esta hortaliza olvidada que tuvo su momento de gloria en la Antigüedad clásica y la Edad Media. Perteneciente a la misma familia botánica que la zanahoria, la chirivía fue durante muchos siglos un alimento básico, sobre todo en el noreste de Europa. Siempre ha sido muy apreciada y consumida gracias a sus notables propiedades nutritivas. A diferencia de la zanahoria, es rica en fibra, por lo que sirve para combatir el estreñimiento. Además, se cuece antes que la zanahoria, un detalle importante cuando el bebé tiene hambre.

¿El boniato no es un tubérculo demasiado exótico y, por lo tanto, alérgeno para el bebé?

Por más que en España el boniato se utiliza todavía poco, en otros países industrializados causa auténtico furor. A diferencia de su pariente la patata, es muy poco calórico, posee notables propiedades nutricionales y se cocina con facilidad. Además, su gusto dulce lo hace un alimento agradable para las papilas novicias. En tanto que tubérculo, no tiene riesgo de alergia para los bebés, ni tan siquiera para aquellos con propensión a la misma.

Las hortalizas están bien, pero ¿por qué no un simple puré de patatas?

Aunque no haya que descartar por completo la patata en la alimentación infantil, hay que tener en cuenta que es menos interesante desde el punto de vista nutritivo que otras hortalizas. Nuestro entorno favorece bastante las «falsas» hortalizas (féculas) como el arroz, las patatas y las pastas. Nuestro deber, y el suyo en tanto que progenitor, es acostumbrar al bebé a que coma «verdaderas» hortalizas, primero en puré y luego troceadas. Todo ello sin hablar del interés gustativo que poseen el colirrábano o el apio en comparación con el sabor algo neutro de la patata.

A los bebés no se les sirve calabaza castañas a menudo. ¿Por qué?

Es cierto que la calabaza castaña no tiene tanto éxito como su prima la calabaza común, a pesar de sus notables propiedades nutritivas y un gusto agradable a puré de castañas. En efecto, es muy rica en vitaminas,

contiene vitaminas A, C. D. y E, así como numerosos oligoelementos, como fósforo, magnesio y hierro. También posee ácidos grasos no saturados y un elevado contenido en caroteno (¡dos veces más que la zanahoria!).

¿Los guisantes pueden dar retortijones al bebé?

Sí y no. En los inicios de la fase de diversificación alimentaria, el sistema digestivo del bebé no es todavía demasiado maduro para soportar hortalizas fibrosas o que fermentan, como los guisantes, la col o los salsifíes. Sólo se trata de una cuestión de tiempo. Una vez conseguida la diversificación (hacia los 6-7 meses), el consumo de guisantes no es un problema para los intestinos del bebé.

¿La coliflor provoca dolor de vientre?

No es la coliflor, sino el azufre —un oligoelemento con propiedades antibacterianas y desintoxicantes— que contiene, lo que hace que esta deliciosa hortaliza a veces resulte difícil de digerir. Para evitarlo, cambie el agua en el transcurso de la cocción (el azufre se tirará con la primera agua) e incorpore a la preparación unos granos de comino o hinojo, que combaten con eficacia la flatulencia.

He oído que el pimiento es desaconsejable para los bebés. ¿Lo es realmente?

La mala reputación del pimiento por lo que respecta a los bebés proviene del hecho de que es indigesto si se come crudo con la piel. Pero estos inconvenientes desaparecen una vez cocido, pelado y sin las semillas. Vistas sus propiedades, no debería privarse al bebé de ellas una vez consolidada la diversificación alimentaria, hacia los 8-9 meses.

DOCTOR JEAN LALAU KERALY

DIRECTOR CLÍNICO DEL
HOSPITAL DE ST-VINCENT DE PAUL

———

PEDIATRA

ENDOCRINO NUTRICIONISTA

¿El tomate es nutricionalmente más interesante crudo que cocido?

Crudo o cocido, el tomate es muy saludable gracias a su elevado contenido en vitamina C (presente en la cobertura viscosa de los granos), vitamina E, potasio y ácido fólico, así como a su bajo contenido calórico. Pero también es verdad que el tomate cocido y en forma concentrada, como en las salsas, es más rico en licopeno, un tipo de caroteno anticancerígeno.

¿Las habas no darán gases a mi bebé?

Las habas son muy ricas en fibra, lo que tiene como consecuencia que el intestino trabaje más. Ello puede a veces dificultar el intestino frágil e inmaduro de los pequeños. Sepa que la mayor parte de la fibra presente en las habas se encuentra en las películas externas de la hortaliza. Basta, pues, con sacar la primera piel para aligerar su contenido en fibra. También las puede comprar congeladas, pues ya están peladas.

El favismo, enfermedad extremadamente rara, estaría ligado al consumo de habas. ¿No es preferible por ello no dárselas al bebé?

De hecho, no son las habas las que se encuentran en el origen de esta forma de destrucción de los glóbulos rojos, es su consumo el que puede desarrollarla en individuos portadores de una mutación cromosómica que suele darse sobre todo en personas que habitan en la cuenca del Mediterráneo. Si hay precedentes en su familia, consulte a su médico.

¿El maíz es apto para los bebés?

Efectivamente, el maíz no está de moda, pero es una pena. No sólo posee propiedades interesantes desde un punto de vista nutricional, sino que posee una ventaja enorme: a diferencia de otros cereales muy empleados en la alimentación para bebés, no contiene gluten. Por ello mismo, es ideal para niños alérgicos o para los más pequeños, que no deben ingerir gluten al menos antes de los 6 meses. De hecho, el maíz tiene todas las virtudes necesarias para entrar en la lista 10 de los alimentos superestrella para el bebé.

¿Existe riesgo al comprar maíz genéticamente modificado?

Se debe tener en cuenta este aspecto a la hora de controlar lo que ponemos en nuestro plato y en el de nuestros hijos. En la actualidad, tras una directiva de mayo 1998, es obligatorio mencionar de forma explícita en las etiquetas si un producto —incluido el maíz— contiene ingredientes genéticamente modificados. Tenga en cuenta que esta obligación se aplica sólo si la presencia del organismo genéticamente modificado en cuestión es superior al 1%. Asegúrese de que en el maíz que compra (fresco, congelado, o en conserva) se indique que no está genéticamente modificado. Para mayor tranquilidad, elija siempre productos certificados que garanticen la ausencia de organismos genéticamente modificados.

¿Puedo utilizar los pistos comerciales si no tengo tiempo?

Atención con los platos preparados, ya que llevan mucha sal y grasas no aptas para la alimentación del bebé. Estos platos, además, pueden contener colorantes o conservantes que no se encuentran en los productos especiales para bebé, puesto que están prohibidos por la reglamentación vigente. Si no tiene tiempo, opte por las preparaciones congeladas, más pobres en aditivos. En cualquier caso, lea siempre bien la etiquetas.

Las lentejas rojas se utilizan rara vez. ¿Por qué dárselas al bebé?

En efecto, la cocina francesa y española utiliza con preferencia las lentejas verdes. La diferencia entre las diferentes variedades de lentejas es mínima, pues todas contienen una dosis importante de proteínas y fibra. Las lentejas rojas se caracterizan por su bonito color anaranjado y en que son más tiernas, se cuecen antes que las verdes (un detalle importante cuando cuenta cada minuto de su tiempo).

la carne

¿La carne de cerdo es grasa?

Basta de ideas recibidas: la carne de cerdo no es más grasa que otras carnes. La prueba es que su aporte calórico medio se acerca al del pollo, la carne magra por excelencia. Añadamos que una gran parte de la grasa de carne de cerdo está formada por ácidos grasos insaturados, que previenen las enfermedades cardiovasculares. Para terminar, señalemos que contiene proteínas de muy buena calidad, las cuales cubren, con una ración mediana, la mitad de las necesidades cotidianas de un adulto. Son los productos de charcutería los que se tienen que vigilar, pues son ricos en grasas y sal.

¿Le gustará al bebé el cordero, carne de sabor pronunciado, que no me gusta nada?

Sobre gustos no hay nada escrito: no porque usted no aprecie el cordero a su hijo no deba gustarle. Deje que le guste, pues posee no pocos beneficios. Acompañado de zanahorias a la miel, puede ser muy satisfactorio. Además, tenga en cuenta que el gusto se educa: usted, a quien no le gusta el cordero, quizás se sorprenda al apreciar esta receta y aprenderá a disfrutarla.

el pescado y los mariscos

¿Es indispensable que el bebé coma pescado?

Depende de su edad. A partir de los 6-7 meses, el bebé tiene necesidad de otras fuentes animales además de la leche. En ese sentido, el pescado es ideal. Además contiene omega 3, que favorece el desarrollo de la vista y el cerebro. Y como el cerebro del niño no alcanza su tamaño adulto hasta la edad de 5 años, se comprende la importancia del consumo de pescado.

¿El salmón no tiene un gusto demasiado fuerte para un bebé?

¿Por qué tener miedo de proponer a los pequeños alimentos de gustos pronunciados? Cuanto más homogénea sea su alimentación en sabor, menos preparado estará para apreciar más adelante la diversidad de alimentos. Si el gusto fuerte del salmón no le gusta en un principio, no se desanime: propóngaselo más adelante.

Boicoteo el consumo de atún por razones ecológicas. Pero ¿por qué otro pescado puedo sustituirlo? ¿Mi bebé puede prescindir de este alimento tan completo?

Cierto, las propiedades nutricionales de los diferentes pescados no son todas idénticas, pero hay que reconocer que se parecen bastante. El pescado es por sí mismo un superalimento, con un contenido en lípidos milagrosamente bajo (fuerte presencia de omega 3) y un contenido proteico similar al de la carne. Por no hablar del fósforo, magnesio y yodo que contiene. Sin duda, puede sustituir tranquilamente el atún por el bacalao o un pescado graso como el salmón.

DOCTOR JEAN LALAU KERALY
DIRECTOR CLÍNICO DEL
HOSPITAL DE ST-VINCENT DE PAUL

PEDIATRA

ENDOCRINO NUTRICIONISTA

¿A qué edad puede comer gambas?

Por lo general, la introducción de crustáceos como la gamba está desaconsejada antes de los 18 meses y los 4 años para los niños que tienen algún tipo de alergia. En efecto, estos alimentos, como el cacahuete y el kiwi, pueden ser responsables de reacciones alérgicas alimentarias como el eccema o los choques anafilácticos. Si la diversificación se ha desarrollado perfectamente, no hay ninguna razón para privarle de gambas a partir de los 18 meses, bajo la condición de proponerle pequeñas cantidades para poder comprobar cómo reacciona en las horas siguientes. Si no nota nada, puede proponerle la variante marina de la paella de Jenny.

las féculas

¿Qué es el *bulgur*?

Originario de los Balcanes, se fabrica a partir de trigo precocido, que luego se seca y se fragmenta en trozos más o menos finos. Es una buena fuente de vitamina B, que refuerza las defensas inmunitarias. Contiene, además, numerosos minerales, como el hierro, necesarios para combatir las infecciones. Para finalizar, sepa que es muy digestivo y muy rápido de preparar, un detalle muy útil en caso de prisa.

¿Qué son los fideos *soba*? ¿Son buenos para mi bebé?

Los fideos *soba* se elaboran a partir de harina de trigo y de trigo sarraceno. Al contrario de lo que se suele creer, y también porque a veces se le llama «trigo negro», este último no es una variedad de trigo. Al carecer de gluten, conviene a las personas que sufren intolerancia al mismo o que sufren diarreas, pues se digiere bien. Además, un estudio canadiense ha revelado el efecto favorable del trigo sarraceno sobre la glicemia, por lo que es ideal para las personas diabéticas. No hay que olvidar su alto contenido en minerales, sobre todo el reconstituyente fósforo. Añadamos finalmente que, según la tradición popular japonesa, se consumen estos fideos la noche de fin de año para asegurar una larga vida.

¿Darle arroz al niño por la noche puede provocarle estreñimiento?

El arroz no provoca estreñimiento a los niños que lo comen regularmente, sino que el problema reside más bien en el déficit de fibras naturales, presentes en las hortalizas y las frutas. Mezclando el arroz, una fécula excelente rica en minerales y vitamina B5, y una compota de hortalizas variadas, tiene una comida repleta de beneficios ideal para el sistema digestivo del niño. Si todavía piensa que el arroz puede provocarle estreñimiento, elija uno integral, rico en fibras, perfecto para combatir la pereza intestinal.

el queso

¿La ricota no es un queso peligroso para el bebé desde un punto de vista bacteriológico?

Sin duda usted se refiere a la listeria, una bacteria que se desarrolla en particular en los quesos de leche cruda, la charcutería y los alimentos que han sufrido una ruptura en la cadena del frío y que pueden desencadenar problemas «graves» en el pequeño. Tranquilícese, la ricota —en italiano *ricotta*, «reconocido»— es un queso elaborado a partir de suero de leche que se ha hervido dos veces, por lo que la listeria, que no soporta las temperaturas elevadas, no tiene riesgo de alojarse. En general, no hay que dar demasiada mala prensa a los quesos de leche cruda. En la actualidad, los riesgos de contaminación son pequeños y fácilmente evitables: por ejemplo, si incluye el queso crudo en el momento de la cocción del plato tendrá seguridad alimentaria y placer gustativo garantizados.

¿El parmesano no es demasiado salado para el bebé?

Tiene razón al señalar que la sal debe evitarse en la alimentación de los más pequeños, al menos hasta la edad de 2 años. Pero no se trata de hacer desaparecer todas las fuentes naturales de sal, que sin duda es beneficiosa para su hijo. Su organismo todavía no es capaz de evacuar una gran cantidad, de modo que la sal presente natural en las hortalizas y los alimentos en general es suficiente para él. Bajo esta óptica los pediatras insisten siempre en que no hay que añadir sal a los platos. La sal del parmesano realzará el sabor de la comida, por lo que ya no tendrá que añadir sal.

los dulces

En cuanto a los pasteles, ¿ofrecérselos no es animarlos a consumir alimentos demasiado azucarados?

No hay que caer en la paranoia. Es bien cierto, y la constatación es bien real, que hay una gran cantidad de productos grasos y azucarados destinados a los niños. Pero un pastelito de vez en cuando no ha convertido nunca a un niño en obeso, y menos aún si el pastel se ha hecho en casa. Usted conoce perfectamente su composición (no hay sustancias artificiales ni almidones escondidos), así como su contenido en grasa y azúcar. Cuantos menos productos preparados consuma (ricos en glúcidos, lípidos y sal), más dominará su alimentación una vez adulto.

¿Es razonable dar bombones a los bebés?

Hay bombones y bombones. Si nos referimos a los bombones industriales repletos de azúcares y goma,

efectivamente hay que alejar a los bebés de este tipo de alimentos que no les aporta nada, salvo caries. Aquí se trata de buenos bombones, dulces excepcionales que den placer a su bebé, haciéndole entender que vive un momento extraordinario, pero que son beneficiosos para su salud. Las uvas pasas y el chocolate están repletos de propiedades beneficiosas. Puede elegir el chocolate para controlar el aporte en azúcares (negro, blanco o con leche). Estos bombones naturales son blandos y fáciles de comer y el bebé puede probar algunos sin ningún peligro.

las especias

¿Pueden la canela y el comino provocar alergia al bebé?

No se inquiete, la canela y el comino (y sobre todo las otras especias dulces) no constituyen ningún riesgo para la salud de los más pequeños, al contrario. La canela es uno de los alimentos más ricos en antioxidantes y fibra, al tiempo que estimula las papilas del bebé, ofreciéndole una ocasión de iniciarse al gusto. Recomiendo la canela originaria de Sri Lanka (ocre y fiable) en vez de la de China (los bastones son gruesos y muy duros), menos dulce, más amarga y a veces con menor valor nutritivo. El comino, a su vez, permitirá al bebé adaptarse a nuevos sabores, por lo que sería una pena privarlo de esta especia, que por otro lado combate los problemas digestivos.

¿Es cierto que la vainilla propicia el sueño?

En efecto, además de su agradable sabor dulzón, posee virtudes sedantes. Se utiliza en infusiones o en forma de aceite esencial para combatir las alteraciones del sueño.

aguacate

Muy rico en fibra, el aguacate contribuye a combatir la pereza intestinal y procura rápidamente una sensación de saciedad. Estudios recientes han demostrado las propiedades del aguacate en el caso de problemas del hígado. Es también una excelente fuente de vitaminas B5 (influjo nervioso) y B6 (defensas inmunitarias).

ajo

No solamente realza los platos, sino que sus propiedades medicinales no tienen equivalente: combate la hipertensión y reduce el colesterol, refuerza las defensas inmunitarias y combate los radicales libres. También es una importante fuente de oligoelementos como el hierro, el manganeso, el cinc y el selenio. Añadamos a todo ello sus virtudes antibacterianas, antialérgicas y antitumorales.

albahaca

Los griegos la tenían por los cielos por sus numerosas propiedades, en especial antiespasmódicas y digestivas, lo que la hace ideal en el caso de las digestiones difíciles, la aerofagia y los ardores estomacales. Es también una buena fuente de vitaminas A, B9, fósforo y calcio.

albaricoque

Esta fruta es una de las más ricas en provitamina A, minerales y oligoelementos. Dos albaricoques aportan la mitad de las necesidades alimentarias diarias de caroteno, un precioso antioxidante anticancerígeno.

apio nabo

Muy rico en minerales, contiene oligoelementos que se encuentran rara vez en otras hortalizas, en especial el selenio (refuerza el sistema inmunitario) y el cromo (facilita la asimilación del azúcar). Además de ser muy rico en fibra, es muy poco calórico.

arándanos azules

Esta variedad de arándano agrio, es muy rico en vitamina C (antioxidante), y tiene efectos benéficos sobre la visión (los pilotos de la Royal Air Force los consumían regularmente para mejorar su visión nocturna). También se dice que tienen efectos beneficiosos sobre la memoria, y son ricos en potasio y fósforo.

arroz

Tras el trigo, el arroz es el cereal más consumido en todo el mundo. Es muy nutritivo y también es interesante desde el punto de vista nutricional, pues es rico en magnesio, fósforo, cinc, vitamina B y potasio. Es conocida su acción antidiarreica (el agua de cocción es muy eficaz). También contribuye a combatir la hipertensión.

avena

Este supercereal es muy rico en fibra, cuya acción sobre la regulación del tránsito es bien conocida, y también tiene un efecto favorable sobre la regulación del colesterol y la glicemia sanguínea. Es rica en proteínas y en grasas mono y poliinsaturadas (las famosas «grasas buenas»). Añadamos que está repleta de hierro, fósforo, magnesio y vitamina B.

azafrán

El azafrán siempre ha tenido la reputación de curar varios trastornos. Los pigmentos que le aportan su color rojo estimulan el sistema digestivo. Tiene también propiedades analgésicas y sedantes, ideales en caso de problemas del sueño o de agitación. En el norte de África, por ejemplo, los remedios de las abuelas para aliviar el dolor relacionado con la aparición de los dientes se preparan con miel y azafrán.

bacalao

El bacalao es un pescado de valores nutritivos excepcionales, pues es pobre en lípidos y glúcidos, y rico en omega-3, vitamina B, selenio (antirradicales) y fósforo (huesos y dientes). No se olvide de que es también rico en yodo, un oligoelemento regulador de la glándula tiroides, responsable de la quema de calorías.

berenjena

Es muy poco calórica y contiene mucha agua, además de fibra y pectinas, que son muy digestivas y facilitan el tránsito intestinal. Si juzga que sus propiedades laxantes son muy fuertes, retire simplemente los granos de la carne. No se olvide de que la berenjena es rica en minerales (magnesio, cinc, manganeso) y muy pobre en sal, ideal para los platos del bebé.

boniato

Originario de Sudamérica, se parece a la patata por sus cualidades culinarias, con un gusto dulce inimitable, pero difiere desde el punto de vista nutricional, con un índice glucémico muy bajo y un aporte notable de vitamina A, protectora cutánea, potente antinfecciosa y alentadora de las defensas inmunitarias.

brécol

Es el supermán de la vitamina C, contiene el doble que la naranja, (de la que con 200 g se cubren las necesidades diarias recomendadas). También es muy rico en provitaminas, con propiedades antioxidantes. Añadamos a todo ello que es muy poco calórico.

buey

La carne de buey es la principal fuente de hierro, pues aporta hierro hemínico, cuya absorción es 5 veces superior a la del hierro presente en la mayoría de los alimentos. No olvidemos que los niños tienen gran necesidad de este mineral. Añadamos a todo ello que el buey constituye una excelente fuente de proteínas de alta calidad, así como de vitaminas del grupo B. Pero tenga en cuenta que no debe abusar del buey, pues en fuertes dosis puede ser nefasto para nuestro sistema cardiovascular debido a la presencia de ácidos grasos saturados.

calabacín

El calabacín, aunque muy poco calórico, es muy rico en minerales y vitaminas A (huesos, dientes, infecciones), B (crecimiento, defensas inmunitarias) y C (cicatrizante, absorción de hierro). La fibra de los ejemplares tiernos es perfecta para los sistemas digestivos frágiles. Ideal para los pequeños *gourmets*.

calabaza

Tiene un poco más del 90% de agua y es muy poco calórica. Es muy eficaz en la prevención de los cálculos renales y la hipertensión arterial debido a su riqueza en potasio. Es pobre en sodio, lo que la hace ideal para la alimentación del bebé, que no debe ingerir aportes de sal importantes. La calabaza es, tras la zanahoria, una de las hortalizas más ricas en vitamina A (antioxidante): una ración basta para cubrir las necesidades diarias de un hombre adulto.

castaña

La castaña, considerada como una fécula, es sin embargo mucho más rica en vitaminas y minerales. Sepa que una ración de 200 g de puré de castañas cubre el 25% de las necesidades diarias recomendadas en magnesio (calmante). Pero su interés reside en el hecho de que no contiene gluten, ideal para los más pequeños y los niños intolerantes al mismo.

cereza

Jugosa y dulce, la cereza es una fruta energética y refrescante. Además de su interesante aporte en vitamina C y en provitamina A, posee propiedades digestivas. Un reciente estudio ha revelado el papel antibacteriano del zumo de cereza, que previene la formación de las caries.

chirivía

Este tubérculo carnoso, se parece a una zanahoria blanca. Ambas tienen orígenes comunes, y poseen un sinfín de propiedades nutricionales. Además de su sutil sabor a avellana, es rica en azúcares y en fructosa, lo que permite calmar rápidamente (y durante largo tiempo) el hambre. También es rica en potasio (funcionamiento neuromuscular, antiestrés), vitamina C y ácido fólico (desarrollo celular, sistema nervioso).

cilantro

Llamado a veces «perejil árabe» o también «perejil chino», el cilantro se empleaba ya en la Antigüedad por sus propiedades digestivas y carminativas. Utilizado en infusión, es antidiarreico y antiespasmódico. Añada a todo ello su incomparable gusto exótico y su aporte en vitamina K (coagulación de la sangre, formación de los huesos), y comprenderá por qué los asiáticos le tienen tanto aprecio.

ciruela

Más o menos dulce según la variedad y el punto de madurez, las ciruelas son ricas en vitaminas B y E y provitamina A, imprescindible para el crecimiento y la protección celular. Su escaso contenido en vitamina C está ampliamente compensado por la presencia de pigmentos que refuerzan la acción de la misma. Añadamos que las ciruelas son ricas en potasio, calcio, magnesio y diversos oligoelementos.

ciruela mirabel

Presente en agosto y septiembre, se trata de una pequeña ciruela de color amarillo anaranjado, jugosa, dulce y deliciosamente perfumada. Rica en fibra, combate la pereza intestinal sin ser demasiado agresiva para los intestinos. También es muy rica en oligoelementos y vitaminas B y E.

coliflor

La coliflor es una de las hortalizas más ricas en minerales, en especial magnesio y calcio, esenciales para la renovación celular, e igualmente en potasio, estimulante de las funciones renales. Poco calórica, es muy rica en vitamina C: una ración de 200 g cubre las necesidades diarias recomendadas.

colirrábano

Llamado también colinabo, es fruto de un cruce entre ambas hortalizas. Es muy rico en potasio, calcio, fósforo y vitamina C. Además es poco calórico. También posee propiedades digestivas, puesto que se le considera un desinfectante intestinal.

comino

Sus granos pequeños, además de su sabor fuerte y agradable, son muy saludables para los bebés. Estimulan la digestión, pero, sobre todo, disminuyen la hinchazón y los gases abdominales, calmando los espasmos

intestinales. Añadamos que estimulan la lactancia, por lo que resulta ideal si la mamá da el pecho todavía al bebé.

cordero

El cordero es una carne más bien grasa, pero su contenido en lípidos varía según la parte del animal; en cualquier caso, su alto contenido en proteínas compensa con creces este pequeño inconveniente. También es rico en vitamina B12 (antianémica) y en cinc, bueno para el corazón y los huesos.

estragón

Planta aromática conocida por su sabor fuerte, ligeramente anisado, estimula el apetito y la digestión (evita la hinchazón). Es rico en minerales y vitamina C, y desintoxica el organismo.

frambuesa

Es muy poco calórica y ligeramente acidulada, por lo que es el postre ideal para el verano. Es muy rica en fibra y es laxante (los intestinos delicados la preferirán en *coulis* o salsa, sin sus pequeños granos). Está repleta de minerales, del potasio al magnesio, pasando por el calcio y el hierro, y es rica en vitaminas C y P (circulación sanguínea).

fresa

Además de su inconfundible sabor, que tanto gusta a los niños, la fresa está repleta de ácido fólico (construcción celular), betacaroteno (defensas inmunitarias) y vitamina C (antioxidante). También es rica en oligoelementos como el potasio

(sistema nervioso), el magnesio (calmante) y el calcio. Puede provocar alergias urticantes y se introduce en la alimentación de los bebés de más de 6 meses.

guisantes

Los guisantes son leguminosas repletas de energía, ideales para los peques deportivos. Su contenido en proteínas y en vitamina B (favorecedora las funciones inmunitarias y propulsora del crecimiento celular) es hasta 5 veces superior a otras hortalizas frescas. Además, son ricos en minerales (potasio, fósforo) y oligoelementos (cobre, cinc, flúor).

haba

El haba fresca es muy poco calórica y posee propiedades nutritivas interesantes, ya que se compone sobre todo de ácidos grasos insaturados, que regulan el colesterol. Es rica en fibra, de ahí que sea un potente laxante. También posee una pequeña cantidad de potasio, magnesio, vitaminas B y C. Para terminar, es muy rica en proteínas, ideal pues para los detractores de la carne.

hinojo

Es una importante fuente de vitaminas antioxidantes (A y E) y fibra, por lo que facilita el tránsito intestinal. Combate la hinchazón, ideal en caso de aerofagia, y su ligero sabor anisado lo hace reconocible entre mil.

judías rojas arriñonadas

Las judías rojas son legumbres secas y tienen un contenido elevado de proteínas vegetales. Recordemos que éstas, a diferencia de las animales, están desprovistas de grasas nocivas y combaten las enfermedades cardiovasculares. La judía roja también es rica en fibra y vitamina B9, y contribuye a remineralizar el organismo gracias a su elevado contenido en hierro, magnesio y fósforo. Para terminar, es muy pobre en sodio, el gran enemigo del bebé.

judías verdes

Las judías verdes contienen una gran cantidad de vitaminas, minerales y oligoelementos. En concreto, son ricas en provitamina A (crecimiento, defensas inmunitarias), vitaminas del grupo B (apetito), C (cicatrizante, antianémica) y E (antirradicales). También están repletas de potasio, calcio, hierro y proteínas (lo que es raro en una verdura).

Kiri®

Bautizado desde hace tiempo como «el queso de los gastrónomos de pantalón corto», el Kiri® es un queso fresco que se compone principalmente de queso blanco y crema acidificada. También es rico en calcio (300 mg por 100 g) y en fósforo (350 mg por 100 g). Son su gusto suave y su aspecto práctico, pues se derrite en la boca y se extiende con facilidad, los que le han proporcionado todo su éxito.

lentejas

Esta superlegumbre es muy poco calórica y tiene la increíble facultad de saciar eficazmente sin aportar casi grasas. Contiene una cantidad

récord de minerales, entre ellos el imprescindible hierro. Rica en fibras también es eficaz para combatir los problemas del tránsito intestinal. Añada a todo ello que posee una cantidad importante de proteínas vegetales que le permiten rivalizar con las proteínas de la carne si se consume con cereales.

limón

Es bien sabido que el limón es todo un campeón de la vitamina C, bien protegida bajo su gruesa piel amarilla. Está repleto de potasio (diurético), calcio (huesos) y hierro (energía), y combina tanto con las preparaciones dulces como con las saladas.

maíz

Poco utilizado en la alimentación infantil, el maíz es sin embargo un supercereal, pobre en lípidos pero rico en proteínas, en fibra, en vitamina B (crecimiento) y en fósforo (huesos y dientes). Añadamos a todo ello su potente acción antioxidante.

mango

El mango es el campeón de las vitaminas, pues es la fruta que contiene más antioxidantes (medio mango cubre nuestras necesidades diarias). Su contenido en vitaminas B (crecimiento), A (crecimiento de los huesos y los dientes, antiinfección), C (absorción de hierro) y E (defensas inmunitarias) es elevado. Además, con un 80% de agua, es una fruta poco calórica.

manzana

Hay un célebre dicho inglés que reza que «una manzana cada mañana mantiene alejado al médico». No sólo es conocida por sus propiedades anticancerígenas y preventivas de las enfermedades cardiovasculares, sino que ejercen una acción positiva sobre los problemas de las vías respiratorias, en especial el asma. Es muy rica en vitamina C, la cual contribuye a la salud de los huesos y los dientes al tiempo que favorece la absorción de hierro (cuyas carencias alcanzan al 15% de los niños en países desarrollados). Combate también las infecciones y acelera la cicatrización.

melocotón

Repleto de antioxidantes (vitamina C y betacaroteno), el melocotón es el amigo de la piel. Tiene mucha agua y poco azúcar, lo que hace de él el cómplice ideal del verano. Su fibra es bien tolerada por el intestino frágil de los bebés y es eficaz en caso de estreñimiento, sobre todo si se consume crudo. También tiene propiedades digestivas, puesto que su alcalinidad contrarresta una alimentación demasiado ácida.

melón

Es muy poco calórico, pues posee un 90% de agua; sin embargo es rico en protovitamina A, sobre todo el melón de carne anaranjada, y en vitamina C. Es también rico en fibras y puede ser ligeramente laxante si se consume fresco.

menta

Además de sus propiedades antioxidantes, la menta es rica en hierro, manganeso (cuando está seca) y vitamina K (coagulación sanguínea). Su gusto refrescante realza sutilmente el gusto de los alimentos.

muesli

El muesli es una mezcla de cereales y frutos secos que pueden variarse al gusto. A menudo se compone de avena, copos de trigo, de centeno, de cebada y uvas pasas, pero también puede enriquecerse con nueces, avellanas, granos de lino, pacanas e higos secos. La riqueza en cereales completos del muesli lo convierte en una fuente incomparable de fibras, proteínas y energía. Elija el que convenga al bebé, a ser posible «sin azúcar añadido» (puede endulzarse con miel al punto justo) o sin gluten.

naranja

Es una campeona de la vitamina C: una naranja cubre casi la totalidad de las necesidades diarias recomendadas. Contiene igualmente una buena cantidad de fibra –ideal en caso de tránsito difícil–, minerales y oligoelementos.

nectarina

De la misma familia que el melocotón, la nectarina está repleta de oligoelementos, en concreto fósforo para la formación de los huesos, cobre para la reparación de los tejidos y hierro para la fabricación celular. Es igualmente rica en vitaminas B_3

(producción de energía), C (antioxidante) y E (protección celular).

pasta

Contrariamente a lo que se cree, la pasta no engorda, puesto que su contenido en lípidos es muy bajo: es el acompañamiento el que hace aumentar su aporte calórico. Elaborada con trigo, contiene azúcares de lenta asimilación que destilan su energía poco a poco. Perfecta para un bebé explorador.

pepino

Muy rico en agua, el pepino es el campeón de los minerales y los oligoelementos como el potasio, el fósforo y el calcio. Contiene, además, vitamina B y provitamina A, presente en su piel. Contrariamente a lo que se piensa, es digestivo y es apto para los pequeños.

pera

La pera es la amiga de los pequeños vientres estreñidos puesto que su carne contiene fibras insolubles que tienen una acción digestiva y laxante. También es una fruta rica en minerales, en concreto calcio, fósforo, magnesio y hierro. Además, es rica en vitaminas C y E, con propiedades antioxidantes.

pimiento

El pimiento dulce es la hortaliza fresca que tiene más vitamina C. Es una fuente excelente de caroteno y vitamina E, antioxidantes que previenen el cáncer y las enfermedades cardiovasculares.

piña

Rica en minerales y oligoelementos, contiene vitamina C y su aporte calórico es moderado. Pero su interés reside en la bromelina, un enzima bien conocido en las dietas adelgazantes que facilita la digestión de las proteínas.

plátano

El plátano es el campeón de los bebés deportivos, pues es una fruta muy energética (90 kcal por 100 g) y rica en proteínas. Note que la composición de esta deliciosa fruta varía en función de su grado de madurez: cuando más madura, más rica es en vitamina C y almidón, y tiene mas azúcares simples. Está repleto de potasio, hierro, cobre, calcio, magnesio y vitamina B.

salmón

Ya sea de río o de piscifactoría, el salmón posee unas propiedades nutritivas excepcionales. Es un pescado graso (grasas buenas) extremadamente rico en omega-3, un potente protector cardiovascular. Aporta una buena cantidad de hierro, fósforo y magnesio de vitaminas A (crecimiento, visión, defensas inmunitarias) y D (dientes y huesos).

salvia

Considerada como una «planta maravillosa» por los galos, la salvia tiene virtudes incomparables: es antiinflamatoria, cicatrizante, tonificante, antiséptica y digestiva. También es muy rica

en vitamina K, que facilita la
coagulación sanguínea.

tomate

Muy rico en agua (95%), el tomate
es muy poco calórico y es una fuente
excelente de minerales (ideal para
remineralizar el organismo en caso
de mucho calor). Está repleto de
potasio (contra la hipertensión),
magnesio, cinc, fósforo y hierro.
También es una fuente excelente de
vitaminas (A, B y C). Pero su principal
interés reside en su bonito color
rojo procedente de los licopenos que
contiene. Estos preciosos pigmentos
protegen las células de los ataques
de los radicales libres y son
antioxidantes, a la vez que previenen
ciertos cánceres.

tomillo

El tomillo es un verdadero
multimedicamento: posee
propiedades que estimulan el
apetito, carminativas (antihinchazón
intestinal), bactericidas y también
antisépticas. También se utiliza en
infusión para curar los pequeños
resfriados invernales.

uva

Las propiedades de la uva son
conocidas por todos. Energética y
nutritiva, también es muy digestiva,
perfecta para el conducto intestinal
inmaduro de los más pequeños.
Por otra parte, es desintoxicante y
estimula el hígado. Rica en vitaminas
A, B, y C, contiene también magnesio,
potasio y hierro.

vainilla

Además de su delicioso sabor
dulzón, la vainilla posee propiedades
sedativas. Se utiliza sobre todo
en infusiones o en forma de
aceite esencial para combatir los
problemas del sueño. Un estudio
reciente realizado en el Hospital
de Estrasburgo ha demostrado que
el olor de la vainilla destilada para
prematuros reducía al 45% las apneas
del sueño al hacer que la respiración
fuese más fluida. Expuestos al olor
de la vainilla, los bebés empezaban a
mamar, chupetear y relajarse. Ideal,
pues, para prepararlos para un buen
sueño.

zanahoria

Gaston Lagaffe lo sabe perfectamente,
pues provee zanahorias a los conejos
para que vean mejor a los cazadores:
este tubérculo anaranjado es muy
rico en vitamina A, fortalece la
retina y mejora la visión nocturna.
Pero sus propiedades no se acaban
aquí: repleta de hierro, es un
potente antianémico y antidiarreico.
Añadamos que el consumo periódico
de zanahorias (ricas en caroteno)
proporciona una bonita piel rosada.

	a partir de 4 meses	a partir de 6 meses	a partir de 9 meses	a partir de 12 meses
AGUACATE	43			130
ALBARICOQUE	39	56	92	113, 178
APIO NABO		58		132
ARÁNDANOS		74, 80		
ARROZ			86	119, 144, 148
AVES		54, 55, 56, 57		110, 112, 118, 120
AZÚCAR AVAINILLADO				158, 159
BERENJENA		66	92, 93	
BONIATO	44	62	102	120, 148
BRÉCOL	40	55, 60	96, 104	110, 119, 122, 131, 138, 146
BUEY		63		114, 115
CALABACÍN		55, 60, 61, 64, 66	92, 93, 96	110, 113, 128
CALABAZA	47	68	102	148
CALABAZA CASTAÑA			89	
CEBOLLA		56		114
CEREZA	36	74		
CHIRIVÍA	45	59, 65		132
CHOCOLATE CON LECHE				168
CIRUELA	37			
CIRUELA MIRABEL	32			154
CIRUELA PASA				168
CLEMENTINA		76		157
COLIFLOR	46			
COLIRRÁBANO		59, 60		132
CORDERO				113
ESPINACAS		63	98, 100	
FRAMBUESA		76, 80		155, 156, 166, 270
FRESA				165
GUISANTES	41	60	96	118, 120, 126, 136, 144, 146
HABA		64	99	131
HIGO				165
HINOJO		58, 59, 65		
JAMÓN				118, 220
JENGIBRE		57	92	110, 112, 142, 148
JUDÍAS VERDES	42	55, 60	96	110, 126, 146
KIRI® (QUESITO)			94, 104	

	a partir de 4 meses	a partir de 6 meses	a partir de 9 meses	a partir de 12 meses
LECHE DE COCO				110, 142, 148
LENTEJAS ROJAS				128, 142
LENTEJAS VERDES			100	
LICHIS				164
MAÍZ	48	56	105	130, 144
MANGO	34	77, 78, 80		152, 157, 164
MANZANA	28, 36	57, 68		132, 164, 169
MELOCOTÓN	26	78, 80		156
MELÓN	31	78		156
MENTA		76		155
MIEL	26, 32	69, 80		146, 152, 154, 155, 156
MUESLI				152, 154, 155
NABO		55, 60, 70		
NARANJA		78		122
NECTARINA		77		
PAN INTEGRAL				162, 164, 165
PARMESANO		71	86	131, 134
PASTA			94	118, 136, 138, 139, 140, 141
PATATA	48	48, 62, 68, 70		114, 126
PERA	29, 37			165
PESCADO		62, 63, 64, 65, 66		116, 122, 124, 126
PIMIENTA				114, 115
PIMIENTO				134, 140, 144
PIÑA	35			
PLÁTANO	34	80		152, 157, 164
SANDÍA		78		
SÉMOLA		71	90	116
TERNERA		58, 59		
TIRABEQUES				141
TOMATE		61, 66	88, 92, 93, 97, 105	114, 115, 131, 132, 134, 142
TOMATE CHERRY				122, 139, 140
UVAS BLANCAS				168
UVAS PASAS		65		157
VAINILLA			102	165, 166
YOGUR		72, 80		128, 158
ZANAHORIA	38	54, 58, 61, 65, 69	88, 92	110, 112, 113, 115, 128, 130, 142
ZUMO DE NARANJA		54, 58, 65		128, 158

BLUME

Título original:
Mon livre de recettes pour bébé

Traducción:
Ana María Pérez Martínez
Especialista en temas culinarios

Coordinación de la edición en lengua española:
Cristina Rodríguez Fischer

Primera edición en lengua española 2010

© 2010 Naturart, S.A. Editado por BLUME
Av. Mare de Déu de Lorda, 20
08034 Barcelona
Tel. 93 205 40 00 Fax 93 205 14 41
e-mail: info@blume.net
© 2009 Hachette Livre (Marabout), París (Francia)

I.S.B.N.: 978-84-8076-876-4
Depósito legal: NA-3091-2010
Impreso en Gráficas Estella, S. L., Estella (Navarra)

Todos los derechos reservados. Queda prohibida la reproducción total
o parcial de esta obra, sea por medios mecánicos o electrónicos,
sin la debida autorización por escrito del editor.

WWW.BLUME.NET

**NOS PREOCUPAMOS
POR EL
MEDIO AMBIENTE**

Utilizamos papeles
compuestos por fibras
naturales, renovables
y reciclables.

El papel del que se
compone este libro está
fabricado con materia prima
procedente de bosques que
siguen una gestión forestal
ambientalmente responsable,
socialmente beneficiosa y
económicamente viable.